同济博士论丛

TONGJI Dissertation Series

总主编 伍 江 副总主编 雷星晖

张建军 霍佳震 著

短销售周期供应链协调问题及其博弈分析

A Study on Coordination and Game in Short Sales Cycle Supply Chain

同濟大學出版社
TONGJI UNIVERSITY PRESS

内容提要

本书基于博弈论和委托代理等天然的供应链协调研究的指导理论和变分法等研究工具，进一步贴近供应链协调的实际问题，研究了供应链协调与博弈中的核心问题，包括单期博弈、对称信息下供应链协调问题，短销售周期供应链中博弈关系的长期性、重复性和动态性时间特征。

本书适合相关学科的高校师生和研究人员参考阅读。

图书在版编目(CIP)数据

短销售周期供应链协调问题及其博弈分析 / 张建军，霍佳震著. —上海：同济大学出版社，2018. 12

(同济博士论丛 / 伍江总主编)

ISBN 978-7-5608-8239-0

Ⅰ. ①短… Ⅱ. ①张… ②霍… Ⅲ. ①供应链管理—研究 Ⅳ. ①F252. 1

中国版本图书馆 CIP 数据核字(2018)第 274676 号

短销售周期供应链协调问题及其博弈分析

张建军　霍佳震　著

出 品 人　华春荣　　责任编辑　熊磊丽

责任校对　谢卫奋　　封面设计　陈益平

出版发行　同济大学出版社　　www. tongjipress. com. cn

(地址：上海市四平路 1239 号　邮编：200092　电话：021-65985622)

经　　销　全国各地新华书店

排版制作　南京展望文化发展有限公司

印　　刷　浙江广育爱多印务有限公司

开　　本　787 mm×1092 mm　1/16

印　　张　10. 25

字　　数　205 000

版　　次　2018 年 12 月第 1 版　2018 年 12 月第 1 次印刷

书　　号　ISBN 978-7-5608-8239-0

定　　价　45. 00 元

"同济博士论丛"编写领导小组

组　　长： 杨贤金　钟志华

副 组 长： 伍　江　江　波

成　　员： 方守恩　蔡达峰　马锦明　姜富明　吴志强
徐建平　吕培明　顾祥林　雷星晖

办公室成员： 李　兰　华春荣　段存广　姚建中

“同济博士论丛”编辑委员会

袁万城　莫天伟　夏四清　顾　明　顾祥林　钱梦騄
徐　政　徐　鉴　徐立鸿　徐亚伟　凌建明　高乃云
郭忠印　唐子来　阎耀保　黄一如　黄宏伟　黄茂松
戚正武　彭正龙　葛耀君　董德存　蒋昌俊　韩传峰
童小华　曾国荪　楼梦麟　路秉杰　蔡永洁　蔡克峰
薛　雷　霍佳震

秘书组成员： 谢永生　赵泽毓　熊磊丽　胡晗欣　卢元姗　蒋卓文

总 序

在同济大学110周年华诞之际，喜闻“同济博士论丛”将正式出版发行，倍感欣慰。记得在100周年校庆时，我曾以《百年同济，大学对社会的承诺》为题作了演讲，如今看到付梓的“同济博士论丛”，我想这就是大学对社会承诺的一种体现。这110部学术著作不仅包含了同济大学近10年100多位优秀博士研究生的学术科研成果，也展现了同济大学围绕国家战略开展学科建设、发展自我特色，向建设世界一流大学的目标迈出的坚实步伐。

坐落于东海之滨的同济大学，历经110年历史风云，承古续今、汇聚东西，秉持“与祖国同行、以科教济世”的理念，发扬自强不息、追求卓越的精神，在复兴中华的征程中同舟共济、砥砺前行，谱写了一幅幅辉煌壮美的篇章。创校至今，同济大学培养了数十万工作在祖国各条战线上的人才，包括人们常提到的贝时璋、李国豪、裘法祖、吴孟超等一批著名教授。正是这些专家学者培养了一代又一代的博士研究生，薪火相传，将同济大学的科学研究和学科建设一步步推向高峰。

大学有其社会责任，她的社会责任就是融入国家的创新体系之中，成为国家创新战略的实践者。党的十八大以来，以习近平同志为核心的党中央高度重视科技创新，对实施创新驱动发展战略作出一系列重大决策部署。党的十八届五中全会把创新发展作为五大发展理念之首，强调创新是引领发展的第一动力，要求充分发挥科技创新在全面创新中的引领作用。要把创新驱动发展作为国家的优先战略，以科技创新为核心带动全面创新，以体制机制改革激发创新活力，以高效率的创新体系支撑高水平的创新型国家建设。作为人才培养和科技创新的重要平台，大学是国家创新体系的重要组成部分。同济大学理当围绕国家战略目标的实现，作出更大的贡献。

大学的根本任务是培养人才，同济大学走出了一条特色鲜明的道路。无论是本科教育、研究生教育，还是这些年摸索总结出的导师制、人才培养特区，“卓越人才培养”的做法取得了很好的成绩。聚焦创新驱动转型发展战略，同济大学推进科研管理体系改革和重大科研基地平台建设。以贯穿人才培养全过程的一流创新创业教育助力创新驱动发展战略，实现创新创业教育的全覆盖，培养具有一流创新力、组织力和行动力的卓越人才。“同济博士论丛”的出版不仅是对同济大学人才培养成果的集中展示，更将进一步推动同济大学围绕国家战略开展学科建设、发展自我特色、明确大学定位、培养创新人才。

面对新形势、新任务、新挑战，我们必须增强忧患意识，扎根中国大地，朝着建设世界一流大学的目标，深化改革，勠力前行！

万　钢

2017 年 5 月

论丛前言

承古续今，汇聚东西，百年同济秉持“与祖国同行、以科教济世”的理念，注重人才培养、科学研究、社会服务、文化传承创新和国际合作交流，自强不息，追求卓越。特别是近20年来，同济大学坚持把论文写在祖国的大地上，各学科都培养了一大批博士优秀人才，发表了数以千计的学术研究论文。这些论文不但反映了同济大学培养人才能力和学术研究的水平，而且也促进了学科的发展和国家的建设。多年来，我一直希望能有机会将我们同济大学的优秀博士论文集中整理，分类出版，让更多的读者获得分享。值此同济大学110周年校庆之际，在学校的支持下，“同济博士论丛”得以顺利出版。

“同济博士论丛”的出版组织工作启动于2016年9月，计划在同济大学110周年校庆之际出版110部同济大学的优秀博士论文。我们在数千篇博士论文中，聚焦于2005—2016年十多年间的优秀博士学位论文430余篇，经各院系征询，导师和博士积极响应并同意，遴选出近170篇，涵盖了同济的大部分学科：土木工程、城乡规划学(含建筑、风景园林)、海洋科学、交通运输工程、车辆工程、环境科学与工程、数学、材料工程、测绘科学与工程、机械工程、计算机科学与技术、医学、工程管理、哲学等。作为“同济博士论丛”出版工程的开端，在校庆之际首批集中出版110余部，其余也将陆续出版。

博士学位论文是反映博士研究生培养质量的重要方面。同济大学一直将立德树人作为根本任务，把培养高素质人才摆在首位，认真探索全面提高博士研究生质量的有效途径和机制。因此，“同济博士论丛”的出版集中展示同济大学博士研究生培养与科研成果,体现对同济大学学术文化的传承。

“同济博士论丛”作为重要的科研文献资源,系统、全面、具体地反映了同济大学各学科专业前沿领域的科研成果和发展状况。它的出版是扩大传播同济科研成果和学术影响力的重要途径。博士论文的研究对象中不少是“国家自然科学基金”等科研基金资助的项目,具有明确的创新性和学术性,具有极高的学术价值,对我国的经济、文化、社会发展具有一定的理论和实践指导意义。

“同济博士论丛”的出版,将会调动同济广大科研人员的积极性,促进多学科学术交流、加速人才的发掘和人才的成长,有助于提高同济在国内外的竞争力,为实现同济大学扎根中国大地,建设世界一流大学的目标愿景做好基础性工作。

虽然同济已经发展成为一所特色鲜明、具有国际影响力的综合性、研究型大学,但与世界一流大学之间仍然存在着一定差距。“同济博士论丛”所反映的学术水平需要不断提高,同时在很短的时间内编辑出版 110 余部著作,必然存在一些不足之处,恳请广大学者,特别是有关专家提出批评,为提高同济人才培养质量和同济的学科建设提供宝贵意见。

最后感谢研究生院、出版社以及各院系的协作与支持。希望“同济博士论丛”能持续出版,并借助新媒体以电子书、知识库等多种方式呈现,以期成为展现同济学术成果、服务社会的一个可持续的出版品牌。为继续扎根中国大地,培育卓越英才,建设世界一流大学服务。

伍　江

2017 年 5 月

前 言

供应链管理是现代企业在竞争日趋激烈的生存环境中求得发展的重要管理理念与方法。供应链上成员企业之间利益与决策的独立性与相互依存性特征,导致了集中式供应链决策模式与分布式供应链决策模式之下期望效用的差距,也昭示了供应链整体收益的Pareto改进或实现供应链协调的可能性和必要性。本书基于博弈论和委托代理等天然的供应链协调研究的指导理论和变分法等研究工具,进一步贴近供应链协调的实际问题,研究了以下供应链协调与博弈中的核心问题。

关于单期博弈、对称信息下供应链协调问题,建立了短销售周期供应链Newsvendor问题的Stackelberg主从博弈模型,发现并证明了该问题的无穷多个Pareto最优均衡解的讨价还价属性,即对称信息下供应链决策双方的博弈是在供应链整体期望收益最优前提下的讨价还价问题,收益分配比例取决于双方的实力等因素;在此基础上,针对短销售周期供应链的特点,提出了库存积压风险规避因子来描述风险规避决策者的决策行为,并通过对比风险中性决策者情形的决策过程得出了定量的结论:对于库存积压风险规避的零售商,制造商需要给出更大的激励力度。

关于单期博弈、信息不对称情形，将短销售周期供应链私有信息甄别的激励机制设计问题推广到一般化的假设条件，证明了私有信息隐匿与甄别的博弈将导致供应链 Pareto 最优协调在原背景下将无法实现，并发现非对称信息状态下短销售周期供应链私有信息隐匿与甄别的委托-代理关系将使得信息优势方（零售商）获得额外的信息租金。

随后提出了短销售周期供应链中博弈关系的长期性、重复性和动态性时间特征，这是本书对现有研究的具有重要意义和价值的拓展。

在此基础上分析了两类重要的供应链动态博弈问题：短销售周期供应链的离散时间基础上的重复博弈问题和连续时间基础上的微分对策问题，并获得了一系列较重要的研究成果：

针对第一类动态博弈问题，分析并提出了长期合作关系下供应链信息不对称问题的独有特点，即长期合作关系稳定而单期博弈内容改变。在此基础上，就长期合作关系下的信息甄别问题分析了信息的事后可验证性与跨期关联性特征，发现并证明了事后不可验证的跨期关联信息甄别存在棘轮效应：信息优势方将由于其对远期利益的关注而更注重其私有信息的隐匿，从而导致原有信息甄别机制失效；发现并证明了事后可验证的跨期关联信息甄别问题将由于合作周期的长期性和远期收益而可能得到自动缓解，临界点取决于信息租金、单期合作效益、隐匿信息的识别概率之间的一个确定的数量关系。

就供应链中的道德风险及其激励问题建立重复博弈关系下的代理人声誉模型，证明了该声誉模型对代理人（制造商）道德风险的隐性激励作用，并研究了信息劣势方的触发战略，发现触发战略在其参数（最高声誉的订购批量、产品批发价格、市场需求混同概率、代理人保留效用和私有信息值）满足一个确定的定量关系时能完全消除代理人道德风险。

对第二类动态博弈问题，即连续时间基础上的微分对策问题，基于原有供应链 Pareto 最优协调更优化的观点提出了供应链声誉的概念，并就供应链声誉构建问题上供应链各成员企业关于声誉维护与努力的最优微分对策进行了研究，发现了其 Nash 均衡解与各方最优微分对策存在的一个充分条件，即拟约束方程组有解，并在此基础上得出了相应均衡解与供应链各方的最优微分对策。

对供应链声誉最优微分对策及其均衡条件进行分析的过程，也给出了分析供应链微分对策的一般思路。

最后，对进一步研究的方向进行了简要的分析。

目 录

总序

论丛前言

前言

第 1 章　引言 …… 1

1.1　研究背景 …… 1

1.2　研究的必要性及意义 …… 4

1.2.1　研究的必要性 …… 4

1.2.2　研究意义 …… 6

1.3　研究内容 …… 7

1.4　研究思路与技术路线 …… 8

1.4.1　研究思路 …… 8

1.4.2　技术路线 …… 9

1.5　研究特色与创新点 …… 10

1.5.1　研究特色 …… 10

1.5.2　可能的创新点 …… 11

第 2 章　供应链协调问题研究现状综述与分析 …… 12

2.1　相关概念界定 …… 12

2.2　供应链协调问题研究现状 …… 14

2.2.1　起始阶段：牛鞭效应与供应链失调 …… 15

2.2.2　基于无限时间环境的供应链协调 …… 16

2.2.3　基于短销售周期环境的供应链协调 …… 18

2.3　短销售周期供应链协调问题研究现状总结与评述 …… 33

2.4　本章小结 …… 34

第 3 章　单期博弈下的供应链协调分析 …… 36

3.1　对称信息下供应链协调问题分析 …… 36

3.1.1　标准 Newsvendor 环境下的 Stackelberg 主从博弈 …… 36

3.1.2　考虑决策者风险偏好的 Stackelberg 主从博弈 …… 47

3.2　非对称信息下供应链协调与激励机理分析 …… 58

3.2.1　含私有信息甄别的供应链协调模型 …… 59

3.2.2　基于回购契约的季末积压产品残余价值信息甄别 …… 61

3.3　本章小结 …… 70

第 4 章　离散时间重复博弈：长期合作关系下的供应链协调 …… 71

4.1　短销售周期供应链成员博弈关系的时间特征分析 …… 71

4.2　长期合作关系下的供应链信息甄别模型 …… 73

4.2.1　跨期无关联、事后不可验证的信息甄别问题 …… 74

4.2.2　跨期无关联、事后可验证的信息甄别问题 …… 74

4.2.3　事后不可验证：跨期关联信息甄别的棘轮效应 …… 76

4.2.4 事后可验证：跨期关联信息甄别的重复博弈 …… 79
4.3 声誉模型：供应链道德风险的隐性协调 …… 82
4.3.1 前提与假设条件 …… 83
4.3.2 单期博弈关系下的道德风险 …… 84
4.3.3 重复博弈下的声誉模型 …… 88
4.3.4 重复博弈下的供应链道德风险协调策略 …… 98
4.4 本章小结 …… 102

第5章 连续时间动态博弈：供应链声誉及其微分对策 …… 104
5.1 引言 …… 104
5.2 供应链声誉：关于供应链协调的再思考 …… 105
5.3 供应链声誉的微分对策 …… 106
5.3.1 问题描述与假设 …… 106
5.3.2 供应链声誉的微分对策模型 …… 108
5.4 供应链声誉的实例分析 …… 116
5.5 本章小结 …… 120

第6章 结论与展望 …… 122
6.1 结论 …… 122
6.2 研究展望 …… 124

参考文献 …… 125

后记 …… 142

第1章 引言

1.1 研究背景

自 20 世纪 90 年代以来，随着科技进步与社会生产力的迅猛发展，世界经济进入了全球化时代，企业的生存与竞争环境相应地发生了剧烈的变化，主要体现在以下几个方面：① 企业生存环境的不确定性越来越大；② 产品的生命周期急剧缩短，产品的销售季节呈现越来越强的短周期化；③ 客户对订单响应速度的要求越来越高；④ 顾客需求的个性化越来越强、期望值越来越高；等等。

竞争全球化带来的压力迫使企业反思自身的运作模式，由此，曾经被人们奉为圭臬的纵向一体化管理模式逐渐暴露了其无法适应新形势的致命弱点。所谓纵向一体化，是指企业出于对制造资源、顾客资源的占有要求和对生产过程直接控制的需要而扩大自身规模或参股到上、下游企业形成一种所有关系的管理模式。人们发现，专注于企业内部的决策、运营过程的科学化、最优化，并不能很好地提高自身的竞争力、解决新形势下所面临的新问题。于是，横向一体化管理模式浮出了水面。所谓横向一体化，是指企业利用其外部资源快速响应市场需求、企业自身只关注自身的核心业务、将非核心业务委托或者外包给合作企业。在横向一体化管理模式下，诸多上、下游企业因其间的供需关系而依次连接起来，至此，“供应链”的框架逐渐清晰起来。在 1988 年 Houlihan 首次提出供应链的概念[1]之后，一时间，供应链、供应链管理成了风靡业界和学界的热门术语和全新的管理理念。1996 年，英国著名物流与供应链管理领域的学者 Martin Christopher 指出：“企业之间的商业竞争模式日益演变为企业的供应链、供应网络之间的竞争。”这一断言正式宣告了供应链管理时代的来临。

美国供应链管理专业协会(Council of Supply Chain Management Professionals，CSCMP)指出(2006)：供应链管理包括对原材料的获取、采购、加工以及全部物流活动在内的所有活动的规划与管理。重要的是，供应链管理还包括成员(如供应商、中间商、第三方服务供应商，以及消费者)之间的协调与协同。从本质上来说，供应链管理是对企业内部和企业之间的供应与需求的整合。

作为一种新型管理模式，当前，供应链管理已作为现代企业的全新管理理念和重要的管理手段而广为人们所接受、执行，并对全球经济发展产生了显著的影响。同时，供应链管理理论也是管理学界近年来持续时间最长的一个热门研究领域。

但在供应链管理的理论与实践中，目前还普遍面临以下的结构性困难：

① 所有权分离。供应链上各个成员企业均是独立利益主体、独立决策主体，它们仅需对自身内部的利益负责。

② 个体利益的冲突与竞争。首先，独立决策的供应链中的成员企业在利益的追求上是以自身利益最大化为前提的，而各自利益往往具有竞争性、排他性；其次，供应链的成员企业有着不同的背景和文化理念，在合作过程中会形成一定程度的心理和行为的冲突。

③ 信息隔绝与私有。在全部合作过程中——无论谈判、建立合作伙伴之前或者开始合作之后，供应链成员均可能分别拥有不为外人所知的私有信息，如零售商更熟悉产品的市场需求的波动情况、变化趋势，而供应商则更了解产品的原材料成本、生产成本等信息等。出于自利的目的，信息优势方更可能借助这一优势来赢得更大的收益。这一障碍导致了供应链各方进行决策时所需的信息不完备，即便集中式供应链的决策也无法保证最优。

④ 不确定性增加。供应链中存在很多的不确定因素，主要表现为环境不确定性和运作不确定性。环境不确定性是指供应链的外部环境如市场需求、政策法规等方面的不确定性，而运作不确定性是指组织内部缺乏有效的衔接与控制机制所导致的系统运行不稳定性。例如，2000 年 3 月，手机巨头爱立信公司唯一的无线射频芯片供应商——飞利浦公司位于新墨西哥州阿尔伯克基的工厂突然着火，这导致爱立信丧失了供应链中的一个关键环节，而由于其反应迟缓，又导致公司当年的损失高达 17 亿美元，并最终将其手机制造业务外包给其他公司。

除了由于供应链本身的先天结构性问题之外，在供应链的具体日常运营过程中也存在着大量的障碍，信息传递障碍是其典型代表。信息传递障碍是指信息在供应链不同成员企业及不同部门之间传递过程中发生扭曲。运作障碍同样会给企业和供应链的预期收益造成重大损害，例如，由于错误的需求预测及信息传递触发了不合理的采购，最后，Cisco 系统公司在 2001 年出现了 25 亿美元的报废库存，给公司造成了巨大的损失。

在信息不完全、不对称及市场竞争日益激烈的情况下，如何克服供应链中存在的这些困难和障碍以实现供应链关系与运营的协调、达到最大化各方收益的目的，已经引起人们越来越多的关注和重视。由于供应链合作与协调机制目前的理论研究尚与实际环境和需求有较大距离，各国管理学界均从各个角度努力攻克这个难题。

就我国的供应链管理问题而言，当前，随着我国加入 WTO，国内企业已经在快速地融入全球经济，这导致了企业面临着国际和国内双重竞争压力。同时，由于我国经济处于快速发展初期，企业还面临着供应链环境的巨大差异，国内与国外、沿海地区与内地的供应链成员企业所属的经济形式和管理水平存在相当大的差别。因此，上述背景对构建供应链优化与协调机制构成了诸多困难并提出了迫切要求。

1.2 研究的必要性及意义

1.2.1 研究的必要性

在业界，作为供应链运营的驱动力量，市场上的顾客需求模式出现了重要的转变，如对产品和服务需求的个性化程度越来越高、能接受的等待时间越来越短、对新产品的追逐意识越来越强等。这些转变使得产品从开发、生产、销售至停产下市的时间越来越短，即越来越多的产品呈现出报纸等产品类型的特征，即短销售周期化（这一特征本书将在节 2.1 中确切界定）的特征，从而基于 Newsvendor 模型思想的问题及相应决策分析逐渐占据了之前基于 EOQ 模型思想的地位，关于短销售周期产品供应链的管理与协调问题现在已成为业界的一个迫切需要进行深入研究的问题。

在学界，近年来，供应链协调理论已成为运营管理与管理科学领域持续、主要的研究热点。从国际情况看，作为本领域的重要组织，运筹学和管理学研究协会（the Institute of Operations Research and

Management Science，IFORMS）主办的重要学术期刊（*Management Science*，*Operations Research* 等）近5年（2003—2007年）出版的论文中，在供应链管理方面的论文中研究供应链协调问题的论文超过了70％。从国内情况看，代表我国科研最高水准的国家自然科学基金（申请人按物流、供应链关键词查询）在这一领域1997年资助1项，1999年资助2项，到2007年资助30项，10年间共资助122项，这从一个侧面反映了我国学术界对这一领域研究的高度重视。

然而，虽然目前国内外学者在供应链协调领域进行了大量的研究，但是与企业的实践要求还存在着很大的差距，主要体现在以下两个大的层面：

① 缺乏基于供应链本身特征的研究。

目前的供应链协调研究主要是基于单期 Newsvendor 模型展开，这是一个天然的主从博弈的模型，而恰恰是因为源于这一特征，人们往往很自然地更关注博弈理论的直接应用，换句话说，供应链被弱化为博弈背景中的一个简单的二级供销系统，以至供应链自身所面临的问题反而被忽视。

② 缺乏动态性。

即便不去考量供应链自身问题的研究必要性，目前关于供应链协调的研究也存在着"静态"的不足，即研究的问题、模型的前提与时间没有关联，体现为一次性供需方的博弈关系。而在实践当中，企业、供应链的关系、运作毫无疑问是随时间变化的、动态的。

在理论与实践的关系上，人们常常强调：没有伟大的理论，就没有伟大的实践。然而，脱离实践的理论往往演变为空谈，换言之，在学术研究领域，科学的研究思路首先强调的应该是对实践中的问题进行分析、从中抽象出重要的科学问题。本书将贯彻这一思路，尝试首先对供应链协调关系问题本身进行分析，之后运用博弈论、激励理论、委托代理理论等相关的理论、方法等工具，从动态的观点对供应链协调问题中的科学问题进行深入分析，以期尽量贴近实践。

基于以上分析，对短销售周期供应链协调及其博弈问题进行深入分析有其显著的必要性。

1.2.2 研究意义

由于实践中供应链的分布式决策、其成员利益独立等结构性特征，导致了供应链的个体理性与集体理性之间的冲突，这使得供应链协调成为供应链管理领域中一个非常重要的问题，同时也意味着供应链协调是一个天然的博弈问题。本书将对供应链协调领域的几个核心问题进行深入研究，其研究意义和价值体现在以下方面：

① 对单期博弈的研究将当前研究的结论拓展到一般的模型条件之下，这有利于人们对供应链契约本质属性的深入了解。

② 多期博弈（离散时间下的动态博弈）是对当前静态博弈下的研究的一个较重要的发展，其中所提出供应链合作与博弈关系的长期性、重复性和动态性特征及相应的深入研究将拓展供应链协调（主从博弈）的研究深度、进一步贴近供应链管理的实践。

③ 微分对策（连续时间下的动态博弈）基于连续性合作时间考察供应链合作与协调关系（Nash 博弈），将供应链间的博弈问题拓展至一个全新的视角，其价值与复杂性体现在：与现有优化问题研究中最优解为一个一维实数值或者（较低的）有限维向量值不同，由于考虑了决策者策略的动态性，此时决策者的最优解将呈现为一个特定的关于时间的函数，从而相应的分析与求解的思想、理论与方法都有很大的改变。其研究成果对于供应链协调理论的发展具有非常重要的理论意义，同时，对于供应链中的企业合作策略具有重要的指导意义和实际意义。

1.3 研究内容

本书将主要针对短销售周期供应链(Short Sales Cycle Supply Chain, SSCSC)的协调与博弈问题进行研究,主体内容包括以下方面:

1. 单期主从博弈下的供应链协调及其博弈分析

① 完全信息下供应链各方博弈的研究

将证明其一般结论:该博弈事实上是讨价还价问题,具有无限多个均衡解,各种激励策略(供应链契约)是其具体实施形式。

② 决策者风险偏好的影响研究

将讨论短销售周期供应链中的库存积压风险规避问题带来的影响。

③ 不对称信息下供应链各方博弈的研究

针对分对称信息的甄别问题,在一般化的假设与前提条件下阐明供应链委托代理关系对供应链 Perato 最优协调的影响,并研究相关的协调策略设计问题。

2. 多期重复博弈(离散时间下的动态博弈)的供应链协调及其博弈分析

① 多期重复博弈下供应链协调关系的属性分析

对短销售周期供应链在长期合作情境下信息非对称关系的内涵和属性进行具体分析,包括是否跨期关联、是否事后可验证等。

② 博弈分析与对策设计

在①的基础上,针对不同的非对称信息属性类型,对多期重复博弈关系下的信息甄别与道德风险及其协调问题进行分析。

3. 微分对策(连续时间下的动态博弈)的供应链协调及其博弈分析

研究供应链声誉的动态博弈问题:研究 Nash 均衡存在的条件、寻找供应链各博弈参与人的 Nash 均衡解与最优微分对策。

1.4 研究思路与技术路线

1.4.1 研究思路

本书首先将对供应链协调领域的研究成果进行回顾、分析和述评，并在综述的基础上阐明自身研究对现有研究的发展及其意义所在。

本书的主体部分将采用基于博弈时间分类的方式展开。

① 首先对单期静态主从博弈下的主要问题及其现有研究的分散性结论进行分析，进而提出一般性结论并给予证明。

这一部分研究将基于当前主流研究的思路和基础，其主要目的在于将目前短销售周期供应链单期合作关系下决策者关于信息非对称的博弈与协调策略研究拓展至一般性的假设条件，以得出一般性结论，并在此基础上揭示供应链协调契约及其设计问题的本质。

其中，基于单期 Newsvendor 问题的两层优化方法是本部分所涉及的主要研究工具。委托代理理论将为信息非对称情形下的供应链协调问题指明决策方向，激励理论中的显示原理则提示了激励建模的内容。

② 其后，将单期主从博弈关系拓展至离散时间的多期重复博弈，在分析这一背景下的博弈关系属性及其对协调问题所提出的新挑战的基础上分析相应的对策。

在这一部分(第二部分)的多期重复博弈的研究中，前述第一部分即关于单期博弈与协调问题的结论是其基础，本部分将在其基础上着重研究和解决三类问题：短销售周期供应链中博弈关系的一般特征，以及供应链信息非对称关系即委托代理关系博弈关系在长期合作情形下的内涵和表现形式；长期合作(多期重复博弈)情形下信息甄别的博弈过程与协调策略;长期合作(多期重复博弈)情形下道德风险的博弈过程与协调策略。

在本部分的研究过程中将继续使用第一部分中的一系列理论、方法和工具,除此之外,逆向归纳法这一数学分析工具将为多期重复博弈提供决定性的帮助。

③ 最后,从连续时间的视角下研究供应链各方的动态博弈问题,通过引入微分对策的概念对供应链中的典型连续合作问题(供应链声誉)的最优微分对策进行分析。

本部分(第三部分)将在第二部分即基于离散时间的短销售周期供应链协调问题的研究基础上,将对供应链决策者之间博弈与协调关系的分析进一步向纵深推进。在实践中,供应链决策者之间的博弈往往更体现为依赖于时间即依时间连续的特点,换言之,决策者的最优决策(最优解)是依赖于时间的,这一时刻的最优解在下一时刻可能不再是最优的。这意味着基于连续时间的供应链决策者之间的博弈与协调问题,其最优均衡(若存在)是时间的函数。

因此,与现有关于供应链博弈与协调的研究具有本质区别的是:后者的最优解是一个一维实数值或者有限维(低维)向量值,而连续时间动态博弈的最优均衡解是一个函数,其决策目标是取值在某函数空间上的泛函数。

为此,作为一个拓展性研究,本书将对供应链决策双方关于声誉的投入产出博弈问题作为研究对象展开具体分析,在建模过程中针对其决策特点引入变分法和微分对策的思想进行研究。

本书的最后,将对本书的不足之处进行总结,并提出后续的研究方向。

1.4.2 技术路线

具体的研究技术路线如图 1-1 所示。

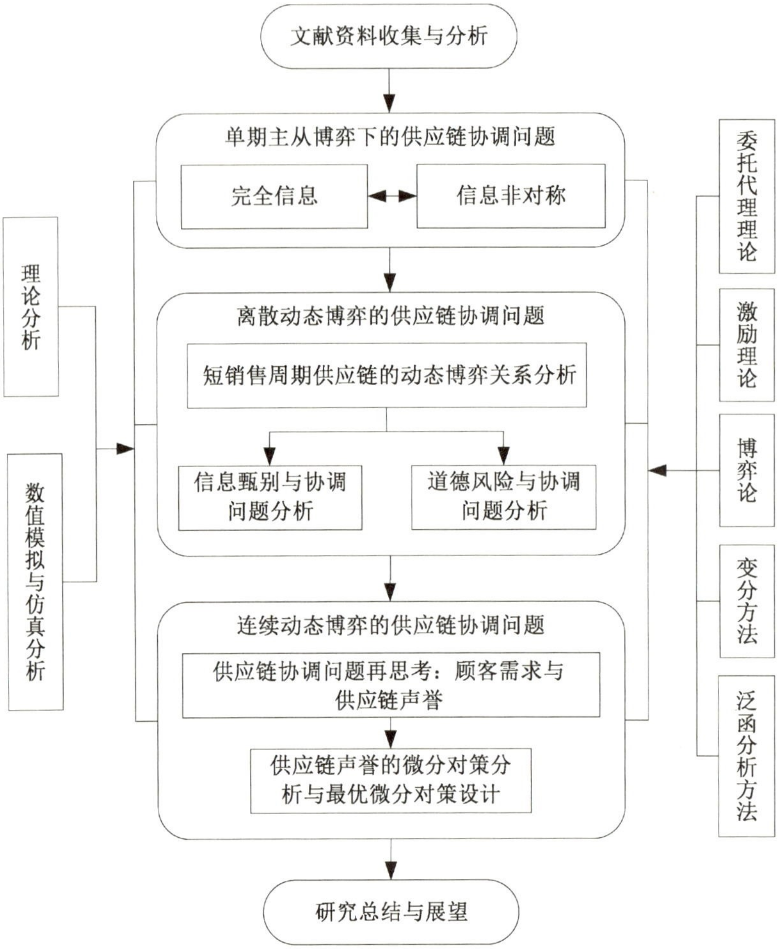

图 1-1　本书研究的技术路线图

1.5　研究特色与创新点

1.5.1　研究特色

本书的研究特色是结合激励理论、委托代理理论、变分方法、泛函分析方法，以时间属性为出发点，深入分析供应链协调问题自身的特点，研究单期静态博弈和动态博弈两种环境下的供应链协调问题。

1.5.2 可能的创新点

① 针对短销售周期供应链的实际，提出了决策者的库存积压风险规避指标，研究了库存积压风险规避态度对供应链协调及双方博弈和期望收益的影响；

② 提出了短销售周期供应链中供应链成员之间合作伙伴关系的长期性，分析了长期合作关系的时间特征；

③ 建立了短销售周期供应链离散时间基础上关于信息甄别的重复博弈模型，发现并证明了事后可验证的跨期关联信息甄别问题中实现供应链 Pareto 最优协调的临界条件；

④ 建立了短销售周期供应链离散时间基础上关于道德风险的重复博弈模型，即信息优势方（代理人）的声誉模型，发现并证明了代理人声誉模型对道德风险的隐性激励作用，发现并证明了道德风险被完全消除时的参数数量关系；

⑤ 建立了短销售周期供应链连续时间基础上关于供应链声誉的微分对策模型，发现并证明了微分对策的 Nash 均衡存在的充分条件，得出了均衡解与最优微分对策。

第2章

供应链协调问题研究现状综述与分析

2.1 相关概念界定

本书首先对后续讨论中将涉及的相关概念作简单介绍和界定：

1. 供应链与供应链管理

广义的说，供应链就是为了完成向最终消费者提供某种或者某几种商品这一任务而组成企业的集合体。我国国家标准《物流术语》将供应链定义为(2006)：在生产及流通过程中，涉及将产品或服务提供给最终用户活动的上游与下游企业所形成的网链结构。美国供应链管理专业协会(Council of Supply Chain Management Professionals，CSCMP)将供应链管理[2]定义为：供应链管理包括对原料获取与采购、转化过程中的活动以及所有物流管理活动的规划和管理。重要的是，它还包括渠道伙伴(如供应商、中间商、第三方服务供应商和顾客)之间的协调与协同。从本质上说，供应链管理在企业内部和企业之间集成了供应和需求管理。

2. 牛鞭效应

牛鞭效应(Bullwhip Effect)指供应链中各个企业的需求波动(表现为库存量)从下游至上游逐级迅速放大的现象[3]。

3. 供应失调与供应链协调

系统论研究中的协调被认为是“管理各种活动之间独立性的过程”，系统协调的目的在于组织、调控系统，使之从无序变为有序、达到协同状态[4]。关于供应链协调目前尚没有表述明确的定义，总结前人的研究，可以说供应链协调是指对供应链上的各个企业的活动的相互依赖关系进行调整和处理的过程[5-7]。从当前供应链协调问题研究的焦点来看，本书将供应链协调理解为“实现了供应链总体利益的最大化的状态”，而供应链失调就是供应链协调的对立面。

4. 短销售周期产品(SSCP)及其供应链(SSCSC)

短销售周期产品(Short Sales Cycle Product，SSCP)，也可称为短生命周期产品(Short Life Circle Product，SLCP)、季节性产品(Seasonal Product，SP)，顾名思义，是指销售季节较短、从开发上市销售至停产下市的时间长度较短的产品。当前，企业乃至供应链锁面临的市场需求呈现出高度不确定、高度个性化以及高期望值的特点，从而越来越多的产品(如服装等)呈现出短生命周期的特点。产品的短生命周期、短销售周期化，将是一个越来越强的发展趋势。对于这一类产品，其采购次数往往是很少的，甚至只有一次，其供应链面临的协调问题与困难将迥异于过去企业运作管理中基于无限生命周期产品的优化问题。

5. Newsvendor 模型

对于短销售周期产品(SSCP)的采购方(如零售商)而言，由于通常其产品的采购次数仅为销售季节之初的一次采购，因此，决策者的决策问题就是一个典型的 Newsvendor 模型，即在随机需求之下通过衡量销售季节的缺货量与季末的库存积压量来寻找最优的订购批量。

6. 合作博弈与非合作博弈

传统上，博弈论被分为非合作博弈(Non-cooperative Game)与合作博弈(Cooperative Game)两大类。然而，“非合作”并不是说参与者拒绝与其他人合作，简言之，在“非合作博弈”中，参与者只是根据其“可察觉的自我利益”(perceived self-interest)来决策，参与者之间的协议、威胁、许诺等，并不是有约束力的、必定自动实施的。反之，如果参与者能够达成一个具有约束力的协议，即合作是外生的，那么就成为一个合作博弈。

在非合作博弈当中，强调的重点主要在于个人行为：每个理性的参与者(决策者)会做出什么样的决策、理性的参与者实际上是怎样选择行动的、博弈可能会出现什么结果等。在合作博弈当中，强调的重点则在于参与者集体会形成什么样的联盟、参与者之间如何分配合作的收益等[8]。

2.2 供应链协调问题研究现状

从本质上说，供应链协调是一个优化问题，就目前的研究着眼点来看，主要可分为两大层面：决策者的最优决策研究，以及决策者之间决策的关联研究。而就研究的供应链中产品的性质而言，可分为：可重复订购产品的无限时间环境和短销售季节产品的有限时间环境。总结当前研究的特点可知，前一层面主要在前一时间环境下面向供应链视角下企业运营过程的优化和控制，而后一层面则更关注于后一时间环境下决策者的决策模式对彼此的影响。因此，相应地也决定了运筹学的理论与方法在前一层面的核心地位，而博弈论则成为后一层面的天然研究工具。本书研究的重点是后一层面，因此，在此处仅对前一层面做简要介绍以利于形成整体印象，而对后一层面，则在下一节进行较详细的综述和分析。

在对研究现状进行介绍之前，需要事先说明的是，本书基于相关研究论文的侧重点进行分析，然而，由于这些论文本身的侧重点和涉及的问题并不是单一的和完全独立的，因此，综述中存在着非常多的交叉现象。

2.2.1　起始阶段：牛鞭效应与供应链失调

早期的研究以其目标主要集中在信息隔绝、确定性需求环境和集中决策下的优化问题上的特点体现了供应链协调思想的萌芽，Clark 和 Scarf 关于多梯队库存问题（Multi-echelon Inventory Problem）的研究[9]是代表性的例子。基于现代理念的关于供应链协调问题的研究则可以追溯到对牛鞭效应的讨论——此处所说的“供应链协调”是指 20 世纪 90 年代早期之后的概念。牛鞭效应（Bullwhip Effect）是供应链失调的典型表现，体现为供应链中各个企业的需求波动（表现为库存量）从下游至上游逐级迅速放大。Forrester[10] 首先注意到了牛鞭效应的存在——事实上，正是 Forrester 的系统动力学思想奠定了从系统的角度理解供应链协调的基础——之后，Houlihan 等人[11-14]对一系列行业案例、经济数据等的考察证实了牛鞭效应在现代工业中的大量存在。作为牛鞭效应研究的重要进展，Sterman[15-16]设计了“啤酒游戏”对啤酒生产与分销系统进行模拟，验证了牛鞭效应，他认为，这是由于参与者对信息反馈的错误理解、系统性的非理性行为所导致的，解决办法是对管理人员进行培训以养成系统思维（System Thinking）方式。

接下来的研究主要集中在两个方面：牛鞭效应产生的根源及量化、抑制和消除牛鞭效应的对策。其间，Lee、Chen 等学者[17-20]基于一阶自相关需求过程 AR(1)采用统计方差的方式对牛鞭效应进行了量化，并提出了减少不确定性、减少波动增量以及加强供应链伙伴关系等方法来抑制牛鞭效应，同时强调了信息共享的作用；我国学者张欣等人[21]把模型条件拓展到了 ARIMA(0, 1, 1)；Dejonckeere 和 Disney[22-26]等人基于控制工程理论提出了量化牛鞭效应的频率响应曲线最大幅值方法和噪声带宽方法，并从供应链库存补货的四种策略（具有指数平滑、具有移动平滑预测、具有需求信号预测以及一般库存补货平滑策略）入手对供应商管理库存（VMI）策略需求放大的控制得出了一系列研究成果；我国学者黄小原、卢震等人[27-28]提出了在客户需求波动最差的情形下减弱牛鞭效应的 H∞控制的方法；李刚和汪寿阳等人[29]将牛鞭效应的研究从特殊时间序列下的两阶段模型拓展到了一般 ARIMA 时间序列下的多阶段模型。此外还有 Cachon 等其他学者的相关研究工作[30-34]。

这其中值得强调的是，Lee 对牛鞭效应做出了非常重要的贡献[35-36]，他研究指出牛鞭效应产生的根源在于决策者追求利润最大化目标下所进行的理性决策，并提出了具体原因（需求信号处理、短缺博弈、批量订货与价格波动）以及相应的解决办法。后来者的研究基本上在这些工作的基础上进行扩展。

在上述研究过程中，人们发现，牛鞭效应事实上是一系列相互关联的原因综合作用的结果。因此，一方面，须研究供应链中各企业在运作过程中如何进行合理决策；另一方面，更重要的是，分开来独立的研究这些孤立的因素中的每一个，可能会掩盖牛鞭效应的这些成因及其补救措施之间的重要联系。考虑到这些局限性，进一步把问题的范围扩大——包括更多的决策变量、更现实的需求结构、更复杂的网络结构，以及更广泛的决策领域——直至“供应链协调”问题的清晰凸显，就是很自然的了。

2.2.2 基于无限时间环境的供应链协调

1. 早期研究的特点

早期的供应链管理、供应链协调的研究集中在基于企业运作最优决策的供应链协调问题这一研究领域并取得了丰硕成果，如前述对牛鞭效应的形成原因、初步对策等方面的研究就是其代表性成果之一。

总体来说，这类研究主要体现为以企业的采购批量为决策变量，以控制库存、运输、配送成本等物流成本(包括生产成本、订购成本等)为主要目标的协调问题,以及以供应链流程(实物流程、信息流程等)或流程间运作成本最小化为目标的供应链集成问题。采用的优化工具主要是数学规划方法及其他优化方法,以及相应的求解算法。相关的协调方法研究主要集中在无限时间长度环境,这一环境下的主要特征是供应链运作周期长,下游企业重复补货。JIT(Just-In-Time)策略是其重要成果。关于经济订货批量(Economic Order Quantity, EOQ)的讨论是这类研究的基础。

Monahan[37]考察了单产品连续供应链中的订购问题,供应商以批对批(lot-for-lot)方式订购,建立了成本最小化的数量折扣定价模型。在前者的前提基础上通过补充有限生产率假设,Banerjee[38]建立了联合经济批量(JELS)模型以实现渠道成本的最小化。Goyal[39]取消了批对批订购的假设,研究发现,供应商的最优订购批量是采购商的整数倍。Lee 与 Rosenblatt[40]建立了单一供应商与零售商供应链中数量折扣方案与订货数量之间的对应模型与算法,在库存持有成本和订货成本已知的基础上调整折扣方案以使得零售商给出适当的订货批量,并得出了与前者类似的结论。其后,针对单供应商多采购商或多供应商单采购商等情形,Anupindi 与 Akella[41]、Kohli 与 Park[42]以及 Lau H. S. 和 Lau A. H. L.[43]进行了拓展性的研究并给出了相应的成本最小化的最优订购模型。Christoph 等人[44]应用层次规划理论研究了供应商与生产商两个层次之间在需求确定情形下的成本最小化模型。张翠华等人[45]在此基础上探讨了惩罚系数在协调运作机制中的作用。

2. 近期研究现状与趋势

需要着重说明的是,对于无限时间长度环境下的随机需求的情形,由于需求不确定程度的迅速增长将导致收益呈现出不确定性,从而企业不再单纯的追求控制成本,而是在成本与收益之间进行权衡以实现利润最大化。在这一领域，业界和学界进行了大量的研究，并提出了一系列卓有成效的供应链优化与协调策略，如快速响应策略（Quick Response，QR）、高效顾客响应策略（Effective Customer Response，ECR）等。而作为可重复订购的无限时间长度环境下的供应链协调问题的对策，供应链成员企业之间的信息共享被人们广为重视，对基于信息共享（当然，并不仅仅基于信息共享）的供应链协调机制的研究取得了重要的成果，如供应商管理库存（Vendor-Managed Inventory，VMI）策略、联合规划预测与补货（Collaborative Planning，Forecasting and Replenishment，CPFR）策略等。本书不展开赘述。

2.2.3 基于短销售周期环境的供应链协调

首先应强调的是，目前关于供应链协调尚无确切定义，从狭义上说，目前的所谓供应链协调的概念，即指短销售周期供应链协调。

如前所述，在全球化背景下企业竞争日益激烈、科技水平迅速发展、消费者的要求越来越具个性化、商品种类迅猛增长的新形势下，产品更新换代的速度越来越快、生命周期越来越短，因此，越来越多的商品呈现出短销售周期产品（SSCP）（或说短生命周期产品）的特点，从而对于短销售周期产品供应链（SSCPSC）的运作、管理、协调问题的引起了业界和学界越来越多的重视。

在进入具体介绍之前，需要说明的是，本书大部分注意力集中在非合作博弈（Non-cooperative Game）下的相关研究，这主要是基于这样一个认识和判断：基于前述供应链决策权分散的结构，一方面，在实践中集中决策型的供应链事实上是很少见的，而就其本质而言，实际上也可以看作是单个（复杂）企业管理问题，因此，这一类型的问题不能代表典型的供应链管理与协调问题；另一方面，分散决策结构决定着供应链上的成员企业的根本目标就是个体利益最大化，供应链整体利润最大化只是实现这个目标的手段，因此，关于非合作的研究是目前的主要特点。当然，就问题的重要性而言，供应链各个企业之间的许多互动关系也有显著的“合作博弈”（Cooperative Game）特点，合作博弈也有其非常适合的用武之地，然而就目前的研究而言，尚不充分，而其中供应链的合作广告、促销等问题是一个具有典型意义的合作博弈问题，本书将在下文中介绍。

（1）理论与方法介绍及其研究

对于短销售周期产品供应链而言，其下游采购方面临的决策问题是一个典型的 Newsvendor 模型问题：产品的市场需求是随机的，服从某个概率分布；采购者面临的决策问题就是在最大化其期望收益的目标下对由于采购过多导致的库存积压成本损失和采购过少导致的潜在利润损失之间进行权衡，以确定其最合适的采购量。近年来，基于简单 Newsvendor 模型的供应链协调问题研究已获得了很多成果[46]。

由于供应链成员企业的独立决策主体的特征，因此，当人们从协调的视角来考虑供应链上各个企业的决策之间的相互影响时，就意味着博弈论将成为一个必不可少的理论研究工具[47]——后面现状综述将清晰地表明这一点——具体地说，由于供应链上、下游企业之间的“买”“卖”关系，因此，二者之间呈显著典型的主从式互动关系，从而 Stackelberg 主从博弈模型在相关的研究中成为一个重要的也是基本的应用工具[48]。而当人们考察更复杂的、在供应链同一层面具有多方横向竞争的环境时，Nash 博弈与 Nash 均衡是其主要研究工具。

在理论与方法层面的研究中，核心问题体现在**均衡解存在性和唯一性的证明**方面。为此，针对一阶条件的有效性，人们引入了不动点理论进行研究[49-50]，而由于不动点理论的复杂性，一个简化的但是条件更强的研究思路是事先要求收益函数的拟凹性。在供应链协调领域，目前这方面的研究不多，主要有：Lee 和 Whang[51] 在其研究中发现 Nash 均衡解本质上不是整体供应链最优解，因此竞争结果导致供应链效率降低。为了避免这种结果，Cachon[52]建立了一个供应商和多个零售商选择再订货点的模型，采用超级模数(Super Modulor)博弈理论证明了纳什均衡存在的确定性，并提出在存在多个纳什均衡解的情况下，采取其中使整体供应链成本最低(利润最高)的一组均衡策略。Mahajan 与 Ryzin[53]、Netessine 与 Zhang[54]就系统最优解与 Nash 均衡解之间的关系进行了类似的研究。徐庆、朱道立和鲁其辉[55]讨论了 Nash 均衡问题(NE)与变分不等式(VI)和广义均衡问题(GEP)的关系，给出它们之间解的等价关系，以及与之相应的映射之间单调性的关系。

(2) 供应链协调策略设计

这一领域的研究主要集中在短销售季节环境下，是当前供应链协调问题研究的热点与前沿。

这类研究的主要特征是，从以订购批量为决策变量的研究转向对影响订购策略和订购批量的方法的研究，即认为在所有相关参数确定的情形下订购方总是给出其最优订购策略，从而考虑从改变相关参数入手来影响、改变最优订购策略。主要协调手段与形式是供应链契约(合同)。这一层面的研究大致可以分为两个方向：① 在分散决策模式下采用适当的激励策略调整收益的分配以获取在集中决策模式下原本可以获取的系统最大收益；② 在分散决策模式下采取适当的激励策略以使得在集中决策模式下原本可以达到的系统最大收益实现更大化。

目前人们在研究具体的问题时提出了许多有针对性的供应链协调、激励方法和策略，如批发价(Wholesale Price)策略、数量折扣(Quantity Discount)策略、弹性数量(Quantity Flexibility)策略、最小采购承诺(Minimum Quantity Commitment)策略、回购(Buy Back)策略、收益共享(Revenue Sharing)策略、期权(Option)策略、目标折扣(Target Rebate)策略以及联合广告、促销策略等。以下对主要的方法进行简要综述：

1. 弹性数量策略

弹性数量策略是指交易双方通过合同确定一系列条款，在这些条款下，购买者最终获得的货物数量允许以某个比例偏离事先估计的数量，即事先议定的采购数量在最终执行时允许具有一定的弹性。在这一领域的代表性的研究有 Bassok 和 Anupindi[56]，他们分析了最小购买量合同。Eppen 和 Iyer[57]研究了允许购买者购买超过它的初始预测量的后备协议。Tsay[58]考察了结合购买方承诺购买不少于预订量的一定百分比的货物和供应商确保供应超过欲购量一定比例的货物的合同。Tsay 和 Lovejoy[59]在多点、多需求时期以及提前期与需求预测更新等更复杂的条件下分析了弹性数量策略的作用。Plambeck 和 Taylor[60]则讨论了多个下游企业与上游进行事后重新谈判的数量弹性合同。

2. 回购策略

回购合同允许零售商以一个事先商定价格向供应商返还任意比例的订购产品。Pasternack[61]和 Kandel[62]基于单周期 Newsvendor 模型确定了最优定价和返还策略。Padmanabhan 和 Png[63-65]以及 Wang[66]就多零售商情形下回购策略与竞争之间的关联进行了讨论。Taylor[67-68]研究了渠道折扣(Channel Rebates)与回购策略对零售商销售努力和供应链协调的影响，指出在需求能被零售商销售努力所影响时，目标折扣(Target Rebate)形式与回购策略一起可以实现双赢。Donohue[69]对具有多次生产机会的情形的时尚品回购策略进行了研究，其中允许零售商每个时期在获得更新了的需求信息之后进行一次订货，结论是这一策略可以更好地适应市场需求的波动、提高供应链收益。Krishnan、Kapuscinski 和 Butz[70]考虑了回购策略本身有可能会导致零售商在库存积压状态下缺乏进行促销努力的问题，在需求可观察不可验证和可观察可验证两种情形下进行了分析，并考虑了零售商同时还出售替代品的情形。

Yao、Leung 和 Lai[71]将标准 Newsvendor 问题背景推广到了随机的、需求价格敏感的情形，研究了敏感系数对回购策略协调效益的影响。索寒生和金以慧[72]研究了零售价影响市场需求量的条件下的最优回购契约，王晶、于开宇和赵俊[73]则在给出零售价和市场需求量具体函数关系之后针对图书业进行了具体研究。

3. 收益共享策略

供应链收益共享契约是指零售商将一定比例的销售收益交付供应商，以获得较低的批发价格、改进供应链运作绩效的一种协调方式。这一契约最先出现在音像租赁行业，后被推广到其他行业。Dana 和 Spier[74]研究了音像出租行业的收益共享，指出收益共享能够协调具有多个完全竞争零售商的供应链，Veen 和 Venugopal 进行了理论补充[75]。Gerchak 和 Wang[76]研究了最终产品装配公司采用收益共享激励多个零部件供应商确定生产数量的问题，得出了均衡的收益共享分配和生产数量。在此基础上，Wang[77]等人研究了带有收益共享的委托契约对渠道绩效的影响，指出整个渠道和单个公司的绩效严格依赖于需求价格弹性和零售商的成本分担。进一步，Giannoccaro 和 Pont Randolfo[78]研究了随机需求下具有固定零售价格的三阶段供应链协调的收益共享契约，分析了契约参数的变化对供应链成员利益分配的影响。Cachon 和 Lariviere[79]考虑了剩余产品的残值收益并且假定为一定值，系统地研究了用批发价格和共享系数两个参数描述的收益共享契约，并将其同回购、价格折扣和数量折扣等契约进行比较分析，指出收益共享是一种需求风险分担机制，能够协调固定零售价格和零售商制定价格两种情况下的供应链渠道，这要优于仅能协调单一情况的供应链契约。叶飞、李怡娜和胡晓灵[80]在不确定需求下纳入了对下游企业技术创新的考虑，研究表明，在共享收益契约机制下，制造商制定的批发价格要比其单位商品的生产成本小，合作后，分销商的最优订货量与技术创新规模均比合作前大。邱若臻和黄小原研究了对称信息、委托销售条件下的供应链收入共享契约，即零售商决定收入共享比例，供应商决定产品零售价格和生产数量，并保留产品所有权。研究表明，供应链及其成员绩效受两个系统参数(需求价格弹性和零售商成本分摊比例)的影响[81]，并建立了具有缺货成本的供应链收入共享契约协调的随机期望值模型[82]。

4. 期权策略

近年来，期权机制越来越广泛地被应用到供应链的管理与协调问题当中。Donohue[83]扩展了 Pasternack[84]的模型，将需求信息揭示分为两阶段，并引入期权作为协调工具，要求供应商在需求信息明确前，准备一定的库存。Barnes-Schuster、Bassok 和 Anupindi[85]在此基础上，放宽了模型的假设，允许零售商同时使用期权和普通的订货两种方式，并将市场需求也分成两个阶段实现，他们采用期权的方式来处理两阶段中需求不确定性情况下供应商的订购策略并指出在分段线性的执行价下，期权契约将协调供应链。Cachon 和 Zhang[86]等人讨论了单供应商-单销售商系统下最优期权契约和批发价契约的渠道协调问题，分析假设供应商的成本是公共信息，而需求量是销售商的私人信息。Sethi、Yan 和 Zhang[87]分析了各阶段需求信息更新的多阶段批量柔性契约，给出在需求实现和预测信息更新期间的最优期权量的订货模型。Li、Ankolekar 和 Wolf 等人[88]设计在线逆向拍卖(简称 ORA)下多供应商-单销售商系统的期权契约最优拍卖机制：研究假设卖者成本为私人信息，但分析只考虑买者的收益最优，而没有考虑系统最优。Burnetas 和 Ritchken[89]研究了需求曲线具有向下溢出特征的期权合同，零售商具有某个价格再订货或者返还产品的期权，研究表明，在需求的不确定很高的情形下，博弈均衡价格对零售商不利。Wu 和 Kleindorfer[90]考察了具有期权市场和现货市场的单上游(制造商)多下游(零售商)B2B交易中的竞争性能力期权，期权定价包括单位能力的预留费用和执行费用，其核心问题在于确定现货市场与期权合同的组合与零售商竞争下的市场均衡定价。Wang 和 Liu[91]研究了一个零售商主导的两级供应链中由产品期权单价和实际单价组成的期权协调契约，发现该期权契约要取得成功取决于这两个单价的负相关性，同时，协议产量必须低于集中决策模式下的最优产量。马士华、胡剑阳和林勇[92]通过引入期权机制，提出了制造商预订上游供应商的生产能力的数学模型，达到了供应链利益的 Pareto 改进。郭琼、杨德礼和迟国泰[93]通过期权机制建立了供应链协调过程中各决策主体的决策模型，研究发现，期权机制下的供应链及其成员的收益要优于报童模型的情况。陈祥锋和朱晨波[94]证明了在现货合同市场中增加了期权合同市场后，供应链可以实现收益共享、风险共担，提高供应链整体效率的目标。另外，类似的还有李荧玉和崔文田[95]、郭琼和杨德礼[96]、佟斌和郭琼[97]、晏妮娜和黄小原[98]等人的研究。

需要强调的是，在实践与理论研究当中，并不仅仅只有上述一些协调策略，而且，一个有重要价值的趋势就是激励策略正在更多地采取组合的形式进行。如 Mark、Daniel 和 Gilvan[99]为减少消费者的无缺陷退货(False failure return)现象而向零售商提供一种目标折扣(Target Rebate)形式的激励契约，研究证明了其供应链协调的有效性。Gerchak 和 Wang[100]考察了一个装配商和多个零部件供应商组成的两级装配供应链，分析基于“收益共享加库存积压补贴”的 VMI 策略和“批发价加回购”的激励策略对于供应链协调的作用，并发现后者的效益与零部件供应商数量呈同向变化，等等。

(3) 基于信息不对称的供应链协调

供应链上成员企业的信息私有、信息不对称状态，又决定着供应链上信息劣势方的委托人地位，因此，当人们注意到了供应链上信息不完全、不对称的常态时，委托代理理论以及激励理论中的模型与方法将为相应问题提供恰当的理论解释和支持，并在充分考虑事前隐藏信息的逆向选择（信号传递、信息甄别）风险与事后隐藏行动（或信息）的道德风险的基础上进行供应链契约激励机制设计[101-102]。越来越多的学者对实践中的信息不对称问题进行了讨论，并取得了一些成果。

相关的研究主要集中在信息甄别模型。信息甄别研究的是信息劣势方首先行动的情形。Porteus 和 Whang[103]研究了面向识别制造商的市场需求预测信息的契约设计问题。Charles 与 Xavier[104]、Charles[105]以及 Charles、Zhou 与 Tang[106]针对成本信息不对称时的库存策略、数量折扣策略以及契约涉及问题进行了研究。Lau A. H. 与 Lau H. S.[107-109]分析了在需求随机性与信息非对称条件下对相关问题进行研究的必要性，并讨论了市场需求信息不对称时的供应链库存策略。Lau A. H.、Lau H. S. 和 Wang[110]对市场需求为零售价格函数情形下的零售商主导的 Newsvendor 问题进行了研究，发现在价格敏感系数 k 为非对称信息时，传统的回购契约和收益共享契约都失效，而两部分关税（Two-part Tariff）策略更有效。同一背景下，他们还研究了制造商生产成本为非对称信息的情形[111]。Özer 和 Wei[112]在预测信息不对称的情形下的可信预测信息共享问题，提出了非线性能力预订合同（Nonlinear Capacity Reservation Contract）和预采购合同（Advance Purchase Contract）作为对策并通过数值试验验证了相应的有效性。索寒生、金以慧[113]研究了下游零售商具有成本私有信息时上游供应商的最优回购契约。郭琼和杨德礼[114]通过批发价格契约分析了信息不对称导致供应链效率下降的机理，设计相应的期权契约来激励具有信息优势的零售商通过其期权购买量向供应商传递真实的市场需求信息。张菊亮和陈剑[115]研究了零售商处理单位产品费用为上游供应商的未知信息的条件下回购契约的实施情况。邱若臻和黄小原[116]则在零售商的边际成本为私有信息的情形下研究了收益共享契约。

在信号博弈模型层面,信息优势方首先行动。相关的研究中,Cachon与Lariviere[117]研究了信息优势的制造商通过契约给供应商以固定支付来向其传递信号以实现非对称信息下的供应链协调。Lariviere[118]发现限制零售商退货能够实现可信任的信息共享。唐宏祥、何建敏和刘春林[119]发现,零售商可以通过采购价格向供应商传递真实可靠的市场需求信息。侯琳琳和邱菀华[120]研究了具有随机市场需求信息优势的制造商通过设计利润共享机制并调整其中的利润共享系数来传递信号,研究发现,这一机制可以实现供应链最优绩效。林英晖[121]基于"二手车"单价模型研究了供应链企业间信任建立的信号博弈分析。申亮和王玉燕[122]基于逆向供应链中随机市场需求状态为高和低两种可能状态时研究了具有这一信息优势的制造商与其回收商之间的信号传递博弈的分离均衡条件。

另外,关于供应链中隐藏行动的道德风险方面的研究相对较少,Priest[123]研究了质量保修合同中的道德风险。Balachandran和Radhakrishnan[124]分别在单边道德风险和双边道德风险情形下研究了承诺-惩罚合同,发现当合同是基于来自外部失败的信息且供应商无须为制造商的产品质量负责时最优质量可以达到。张翠华和黄小原[125]研究了购买商的质量评价活动和加工活动隐匿情形下质量投资决策问题的道德风险,李丽君、黄小原和庄新田[126]进一步考查了在供应商的质量预防投入成本和销售商的质量评价投入成本均为不可观测的信息的情况下供应商和销售商都可能会发生签约后道德风险的问题。李善良和朱道立[127]研究了两类不对称信息(逆向信息和道德风险)并存时的供应链线性契约,通过把问题归结为一个二层规划问题,求解得到了相关结论,发现对于作为委托人的供应商而言,甄别契约比汇同契约更有效率。

(4) 基于供应链结构的多层级供应链协调研究

多层级供应链主要是指层级数超过两层的供应链,如由原材料供应商、制造商和零售商(S–M–R)组成的供应链。Lei Xu 和 Beamon[128]基于供应链协调的特点，根据协调成本和组织环境这两个纬度，提出了选择合适的供应链协调机制的一般方法，并给出了协调机制的四种结构：资源共享结构、决策风格、控制水平、风险/报酬共享。

多层级供应链协调研究目前尚不充分，且主要集中在三级供应链：Munson 和 Rosenblatt[129]在需求稳定、最小化成本目标的情形下研究了包含一个供应商、一个生产商和一个零售商(S–M–R)的三阶段供应链，其中一个强大的生产商运用数量折扣影响零售商的行为，并且如果获得收益，则把收益作为折扣给供应商，但生产商不补偿供应商的任何利润损失，并且没有关注使渠道最优的协调机制。Hao[130]讨论了两阶段供应链中存在外包方的情形，该研究提供了一个能够在中间代理公司和它的受包方及下游购买者之间进行综合分析和系统权衡的优化框架，拓展了以往关于合同问题的研究。Ding 与 Chen[131]同样研究了 S–M–R三级供应链，其中制造商先与零售商谈判、再与供应商谈判，通过采用柔性回购策略、各方共同分担库存成本，最终达到了供应链的协调。

(5) 供应商或零售商横向竞争环境下的供应链协调

在实践中，供应链通常不是报童模型中考虑的单上游企业与单下游企业构成，而是在各个层面均可能存在多个企业。同一层面的多个企业可能会在订购批量、价格甚至品牌与产品替代等方面相互竞争，且各自的决策会对其他企业产生影响，即供应链中通常存在横向竞争的问题。总的来说，这一部分的研究还不够深入，有待进一步展开讨论。

Padmanabhan 与 Png[132]、赵泉午等人[133]对单供应商(制造商)与同质多零售商供应链的协调问题进行了研究，并证明采用回购契约时零售商之间的库存竞争存在唯一的纯策略纳什均衡。Yao、Leung 和Lai[134]基于收益共享契约进行了类似的研究。Tamer Boyaci 与 Guillermo

Gallego[135]讨论了具有两个竞争供应链的市场，每个供应链由一个批发商和一个零售商组成，由于商业环境会迫使供应链形成相似的价格以及在客户服务的基础上严格地竞争，研究发现，协调是两种供应链各自的最优策略，但是，由于囚徒困境，大家都选择协调，两种供应链经常会变得更差，消费者就是协调能唯一保证的受益人。Narayanan 等人[136]建立了包含一个生产者和两个零售商的契约模型，生产者能够在贝叶斯纳什均衡条件下选择零售价格和存储数量以减少品牌内部零售价格的竞争并引导零售商存储对供应链最有利的库存。黄宝凤、仲伟俊和梅姝娥[137]在由一个制造商和 N 个相互竞争的销售商组成的供应链中，研究了完美共赢收入共享合约的存在性问题，给出了收入分配比例相同的合约所要满足的条件，讨论了这类合约的存在性，并设计了一个收入分配比例不同的完美共赢的收入共享合约。肖勇波、陈剑和刘晓玲等[138]研究了同一市场上销售同一种季节性或时尚性产品的两个销售商之间的最优动态串货策略，研究表明：虽然串货能有效增加销售商各自的利益，但是他们之间的竞争会带来较大的整体利益损失。

值得指出的是，通过引入多代理人竞争来达到激励目的是处于信息劣势的委托人的一个可行的策略，这也是当前研究供应链中横向竞争的一个重要出发点，而作为这一思想的一个体现，拍卖策略（Auction）在互联网市场上的应用就是一个典型例子，如 Tunca 和 Zenios[139]考察了电子市场的长期合作关系合同与基于价格的采购拍卖策略（合同）之间的竞争：前者的好处在于可以更大程度上保证零配件的质量，后者则利于通过逆向拍卖的方式选择低成本的零配件供应商，阐明了应该只采用一种合同形式和需要两种合同同时使用的情形。徐经意、杨德礼和郭琼[140]建立了在线逆向拍卖期权和单方支付契约下生产商、销售商和系统的利润模型并得到两种电子佣金制度下的最优期权订购量，发现在赢得契约生产商支付电子佣金的制度下最利于系统的协调和利润的分配。

(6) 突发扰动环境下的供应链协调

所谓突变事件(Emergency),是指在预测与计划之外发生的、即刻威胁到生命或财产的、造成正常活动搁置或中断的事件。当前企业与供应链生存环境的一个显著特点就是存在着大量的不确定性,如市场需求不确定、原材料供应不确定乃至社会环境的波动等突发事件的扰动都可能导致供应链停顿甚至中断。在这样的背景下,如何应对突发事件对供应链原有协调策略的影响,逐渐引起了学术界和企业界的高度重视,但是,当前对突变扰动环境下的供应链协调问题的研究仍然仅处在起步阶段,还迫切需要进行深入的研究。

当前关于需求环境突变的研究是其热点,如 Martha 和 Vratimos[141]分析了在供应链中断情形下成员企业将承受的几个典型困境。Qi、Bard 和 Yu[142]针对单一供应商与零售商组成的供应链研究了线性市场需求的突变扰动对供应链协调的影响。Xiao 等人考察了单一供应商和两个同质且进行促销竞争的零售商组成的供应链,通过设计协调合同来获取更高的供应链利润,并研究需求突变下的价格机制,发现生产商通过调节批发价和补贴比率能够得到期望的渠道利润,同时只有在投资敏感度协同因素足够大时,生产商才需要调整产量[143],并对先同数量折扣契约和全部单位数量契约的作用进行了分析[144]。Paul 与 Germaine[145]从供应链系统运作的角度提出了供应链突变风险管理的 SAM 框架(详述风险 Specification、评估 Assessment 和缓和 Mitigation)。于辉、陈剑和于刚[146-148]在单一上、下游企业的两阶段供应链中分别分析了市场需求突变对批发价契约协调机制、回购契约协调机制的影响,并提出了增强供应链协调契约鲁棒性的对策。雷东、高成修和李建斌[149]分析了在一个供应商和一个零售商组成的供应链中,当市场需求为市场价格的线性函数、市场需求和生产成本同时发生扰动时供应商的扰动管理决策，探讨了在供应商为 Stackelberg 博弈主导者情形下的供应链协调机制。

(7) 纳入决策者风险偏好的供应链协调分析

以往的供应链协调问题中，一般把决策者认为是风险中性的，即决策者追求收益的期望值的最大化，而不考虑获得该期望收益的风险。这一前提在很多情形下有其值得商榷之处，因为，事实上，风险与决策者的主观态度密切相关，因此近年来，也有很多学者在纳入对决策者的风险偏好的基础上对相关问题进行了分析。决策者的风险偏好特性可以划分为两大类[150]：定常风险偏好特性和可变风险偏好特性，定常风险偏好特性又包括定常风险厌恶、定常风险角逐和定常风险中立三种类型。

Lau H. 和 Lau A. [151]证明了最优返还策略依赖于两个决策者对于风险的态度。Agrawal 和 Seshadri[152]通过引入一个风险中性的分销商(分销商从供应商那里购买产品然后卖给零售商)为每一个零售商提供有效的合同设计方案来解决决策者的风险厌恶态度导致的订货量不足的问题以及风险分担问题。Tsay[153]所得出的结果对在风险敏感的条件下如何实施返还策略和选择合作伙伴有指导意义。Gan、Sethi 和 Yan[154-155]明确提出了具有下行(Downside)风险厌恶决策者的供应链协调定义并针对制造商风险中性-零售商风险厌恶、双方均风险厌恶、双方均风险中性等三种情形的结果进行了对比分析。Choi、Duan 和 Yan 等[156-157]就批发价合同和回购合同研究了具有 Mean-variance 目标的决策者的行为，发现具有弱风险厌恶倾向的供应链协调主导方能够与同类型的零售商达成一致，却与具有弱风险喜好的零售商无法实现协调。Charles 和 Scott[158]分析了零售商具有损失厌恶(Loss-averse)态度的 M－R 两级供应链，将“损益共享”作为一个协调手段，研究发现，“损益共享-回购”合同能实现供应链协调并实现供应链期望收益的任意分配。

索寒生、储洪胜和金以慧[159]考察了基于 Loss-averse 模型的风险规避态度对收益共享契约和批量折扣契约的影响。叶飞和李怡娜[160-161]采用 Mean-variance 方法建立了由单个风险中性的供应商与单个具有风险规避特性的零售商组成的两级供应链的回购契约和收益共享契约。于春云、赵希南和彭艳东等[162]则基于条件风险值的概念引入了对供应链决策者风险偏好的描述,并基于回购契约揭示了供应商和零售商的风险规避和偏爱程度对最优订购量、回购价格及供应链协调的影响。

(8) 纳入广告、促销等努力的供应链协调分析

基于通过推动需求增长以获取更大利润的考虑,供应链上的各成员企业有潜在的或现实的广告营销、促销等冲动,然而由于受到各种因素的影响,供应链成员的广告、促销等努力往往不能协调进行,这也使得供应链无法实现 Pareto 最优。目前对于这一方面的研究虽然还不多,但也已经开始并获得了一些成果,如前面已经提到的 Taylor[163-164]以及 Krishnan、Kapuscinski 和 Butz[165]在分析、设计供应链协调策略时,就考虑了激励零售商进行促销努力等问题,研究发现,常见的有效的回购契约、数量折扣契约等在此时往往不能奏效。Szmerekovsky 和 Zhang[166]则讨论了线性批发价契约中进行广告合作的问题,研究发现,对于价格敏感的市场需求,成本共享的广告合作模式并不能很好地奏效,对于占主导地位的制造商而言,其最优决策应该是自己进行全局(全国)广告,同时给予零售商一个较低的批发价。张菊亮和陈剑[167]同样基于回购契约,在销售商首先承诺所做出的努力水平、供应商补偿部分,由于销售商做出的努力而带来的费用的前提下进行了类似的研究。杨勇等则在需求不确定且与努力水平具有相关性的前提下考察了退货契约[168]、数量柔性契约[169-170]和收益共享契约[171]进行了类似分析。

当然,需要说明的是,除了基于作为供应链协调契约设计问题的一个有益延伸而纳入对广告促销等提高市场需求的努力的分析之外,在供

应链管理与协调问题当中，上、下游企业如何就广告、促销等营销业务进行合作也是一项重要的独立问题，而在这一领域，目前的研究主要基于合作博弈理论展开并取得了一些成果：Huang 和 Li[172]讨论了联合广告的制造商主导 Stackelberg 主从合作博弈模型、Nash 合作博弈模型和零售商主导 Stackelberg 主从合作博弈模型，博弈的内容是全局与局部品牌声誉投入水平与合作补助水平，研究发现，Nash 博弈下的收益要大于 Stackelberg 博弈，同时，Pareto 有效的广告模式应将决策者的风险偏好考虑在内。类似的研究还有 Li、Huang 和 Zhu 等人[173]、Huang、Li 和 Mahajan[174] 以及傅强和曾顺秋[175] 等人的研究。Yue、Austin 和 Wang[176] 在此基础上考虑了市场需求的价格敏感性，并提出以制造商的价格折扣定价策略作为一个对策。Xie 和 Ai[177] 对前述 Huang、Li 的研究中关于制造商边际收益的假设作了修改，发现在制造商边际收益很大的情形下，结论是不同的：Stackelberg 主从合作博弈模式能带来更大的系统收益。Jørgensen、Taboubi 和 Zaccour[178] 考虑了制造商面向品牌形象构建的全国广告策略与其零售商为推动市场需求而进行的价格折扣策略之间的矛盾，为此考虑了零售商短视（Myopic）和远视（Farsighted）两种前提下联合努力的合作形式，研究发现，在制造商品牌形象处在发展初期时，合作能带来正面的推动作用。

（9）其他

目前关于短销售周期产品供应链的协调问题，人们主要是从博弈、激励的角度考虑设计适当的激励契约来影响、改变相关决策者的决策行为，以达到各方收益的 Pareto 改进，但这当然不是问题的全部。事实上，供应链成员企业之间运作模式的改变也能对供应链协调产生重要的影响，如基于需求预测信息更新的快速响应（QR）策略就是这样一个具有重要理论与实践价值的策略[179-182]。此外，零星地从多产品、多维博弈关系等角度展开的研究也开始出现，但是尚待形成规模。

2.3　短销售周期供应链协调问题研究现状总结与评述

通过前面对短销售周期供应链协调（SSCSCC）问题研究现状的回顾，我们可以发现，由于短销售周期产品本身的特性，因而标准报童模型（Newsvendor Model）是 SSCPSCC 问题的一个主要研究基础和背景，相关研究的进展主要体现在对该模式的各个条件、参数的变化，即研究的边界条件的复杂化。

结合现有检索、分析的研究文献，总体来看，关于供应链协调理论及方法的研究目前已成为供应链管理领域的一个主要热点，众多学者做了大量的工作并取得了一些理论成果，在实践中也具有一定的指导作用。但是总体上说，这方面的研究角度比较分散，这与供应链协调问题所涉及的学科领域与研究方法的复杂性和多样性有关。在大方向上形成系统性的供应链协调与激励理论及方法体系的要求之外，还有以下不足有待以后进一步研究：

（1）理论与方法研究层面

① 已知的模型大多只深入到两级（一对一或一对多），而实际供应链结构却要复杂得多，一般都要包括原材料供应商、生产商、分销商与零售商直到最终消费者，并且每一级又可能包括多个企业，这种情况下结论是否适用？会发生怎样的变化？有待深入研究。

② 对于非对称信息下的协调模型，针对单一具体信息非对称情形的分散的研究较多，但未形成体系。

③ 供应链协调模型的建模策略研究较多，具体模型求解的研究较少，这导致协调方法的不实用性。模型的求解在实践中的意义与重要性

完全不低于其设计与构建。

④ 供应链最优协调问题研究较多，其中也设计了在出现突变事件情形下的协调问题，但是，纳入最优均衡解的脆性衡量，从而考虑供应链协调机制的鲁棒性及优化的研究很少。

(2) 理论与实践结合层面

① 多上(下)游企业横向竞争层面的研究基于同质假设，与实践中非同质的实际情形不符，而后者将导致问题复杂性的急剧增加。

② 基于供应链委托代理模型的协调策略设计研究较多，但是绝大多数均只考虑了单一、单向的委托代理关系，而实践中，多产品、多代理任务更常见。

③ 对于决策者风险态度的研究有所涉及，然而研究比较初步，并且基本上考虑的是绝对风险偏好，而事实上，决策者的风险偏好常常是可变的。

④ 目前，由于短周期产品高需求不确定性的特点，吸引了人们更多的研究兴趣，从而现有模型的博弈过程通常只分析单周期的行为。然而短周期产品订购交易的一次性并不等于供应链伙伴之间合作伙伴关系的一次性，在实践当中，供应链伙伴合作通常是长期的，这说明多阶段博弈情形下的协调与激励问题具有更大的实际意义，有待深入研究。

在这些有待于进行进一步深入研究的问题当中，本书的主要兴趣包括与时间关联的供应链合作与博弈关系的属性，以及其多阶段重复博弈与连续时间动态博弈。

2.4 本章小结

本章首先对书中接下来的讨论所需要涉及的“短销售周期供应链”

“报童模型”等概念进行了界定。

接下来，在简单提及牛鞭效应等无限时间环境中供应链管理与协调的相关研究之后，以较大的篇幅对短销售周期供应链协调问题的现有研究从理论与方法研究层面、供应链协调策略设计层面、基于信息不对称的供应链协调层面、基于供应链结构的多层级供应链协调层面、供应商或零售商横向竞争环境下的供应链协调层面、突发扰动环境下的供应链协调层面、纳入决策者风险偏好的供应链协调层面、纳入广告促销等努力的供应链协调层面及其他层面等几个方面进行了细致的分类与综述。

在此基础上，对短销售周期供应链协调问题研究现状进行了总结与评述，并从理论与方法研究层面和理论与实践结合层面两个方面总结了现有研究的不足之处。

第3章

单期博弈下的供应链协调分析

3.1 对称信息下供应链协调问题分析

3.1.1 标准 Newsvendor 环境下的 Stackelberg 主从博弈

1. Newsvendor 问题的已知条件及假设

新的经济环境下随着需求响应速度的加快、需求个性化程度的提高和产品周期的缩短以及更新换代的加速，越来越多的产品呈现出短销售周期产品(SSCP)的特点：供货提前期长、销售时间短、市场需求预测准确性差、期末积压产品残余价值低，其中交易的产品是短销售周期产品(季节性产品)。鉴于短销售周期产品的特点，零售商的选择是在销售季节到来之前向制造商一次性订购其在该销售季节拟向最终顾客销售的所有产品。

已知：

(1) 该短销售周期产品的边际生产成本为 v，制造商给予零售商的批发单价为 c，零售商面向最终顾客的零售单价为 p，销售季节末期的积压产品(若有)的处理单价为 s；

(2) 在零售价 p 下，该短销售周期产品的市场需求量为一个随机变量，记为 D，D 服从某随机概率分布，该分布的分布函数为 $F(x)$、密度

函数为 $f(x)$；

(3) 制造商和零售商的保留效用分别为 $\underline{U}_M$ 和 $\underline{U}_R$；

(4) 制造商与零售商均为风险中性，即以追求期望收益的最大化为决策目标。

约定：

$\Pi_{\cdot}^{(\cdot)}$ 表示收益，其中，上标 (0)、(*I*)、(*c*) 分别表示标准 Newsvendor 模型下、存在激励契约 *I*、供应链集中决策等情形；下标 *R*、*M*、*SC* 分别表示零售商、制造商和供应链整体。

2. 标准 Newsvendor 问题的决策模型

(1) 零售商决策（分散决策模式）

命题 1　标准 Newsvendor 模型中零售商具有唯一的最优订购批量

$$Q^{(0)^*} = F^{-1}\left(\frac{p-c}{p-s}\right)$$

［证明］

该命题的证明是简单的：

设批发价格为 c 时零售商采购批量为 Q，则此时其相应收益为

$$\Pi_R^{(0)}(Q) = \begin{cases} Q(p-c), & D \geqslant Q \\ Dp - Qc + (Q-D)s, & D < Q \end{cases}$$

从而其期望收益为

$$\begin{aligned} E\Pi_R^{(0)} &= \int_0^Q (xp - Qc + (Q-x)s) f(x)\mathrm{d}x + \int_Q^{+\infty} Q(p-c) f(x)\mathrm{d}x \\ &= Q(p-c) - (p-s)\left(QF(Q) - \int_0^Q x f(x)\mathrm{d}x\right) \end{aligned}$$

零售商的决策问题就是寻找合适的订购批量 Q 以实现 $E\Pi_R^{(0)}$ 的最大化，即

$$\max_{Q>0} E\Pi_R^{(0)}$$

注意到 $E\Pi_R^{(0)}$ 关于订购批量 Q 的二阶导数：

$$\frac{\mathrm{d}\,(E\Pi_R^{(0)})^2}{\mathrm{d}^2 Q} = -(p-s)f(Q) \overset{a.e.}{<} 0$$

即 $E\Pi_R^{(0)}$ 为 Q 的下凸函数，有唯一最小值。

从而，解驻点方程 $\frac{\mathrm{d}E\Pi_R^{(0)}}{\mathrm{d}Q} = p-c-(p-s)F(Q)=0$，可求得相应的最小值点(最优订货批量)为

$$Q^{(0)^*} = \arg(\max_{Q>0} E\Pi_R^{(0)}) = F^{-1}\left(\frac{p-c}{p-s}\right)$$

证毕。

此时，零售商相应的最大期望收益为 $E\Pi_R^{(0)^*} = E\Pi_R^{(0)}(Q^*)$；

制造商的收益取决于零售商的采购批量，即

$$\Pi_M^{(0)}(Q^{(0)^*}) = Q(c-v)\,|_{Q=Q^{(0)^*}} = Q^{(0)^*}(c-v)$$

供应链的总收益则为

$$\begin{aligned} E\Pi_{SC}^{(0)^*} &= (E\Pi_R^* + \Pi_M)\,|_{Q=Q^{(0)^*}} \\ &= Q^{(0)^*}(p-v) - (p-s)\left(Q^{(0)^*}F(Q^{(0)^*}) - \int_0^{Q^{(0)^*}} xf(x)\mathrm{d}x\right) \end{aligned}$$

(2) 供应链集中决策

命题 2 供应链整体最优期望收益当且仅当供货量 $Q=Q^{(c)^*}=F^{-1}\left(\frac{p-v}{p-s}\right)$ 时取得。

证明过程完全可以由命题 1 的证明平行推导得到，

从供应链整体的角度集中决策可得：

供应链系统最优批量为

$$Q = Q^{(c)^*} = F^{-1}\left(\frac{p-v}{p-s}\right)$$

最大系统期望收益为

$$E\Pi_{SC}^{(c)^*} = \left(Q(p-v) - p\left(QF(Q) - \int_0^Q xf(x)\mathrm{d}x\right)\right)\Big|_{Q=Q^{(c)^*}}$$

值得注意的是

$$Q^{(0)^*} = F^{-1}\left(\frac{p-c}{p-s}\right) < Q^{(c)^*} = F^{-1}\left(\frac{p-v}{p-s}\right)$$

即在分散决策情形下零售商从自身期望收益最大化的原则上选择的最优采购批量将小于系统最优批量，从而不能实现供应链系统期望收益最优。这同时也说明供应链上、下游都有潜在的利润上升空间。

以上分析正说明了制造商对零售商进行激励的必要性和意义，接下来的一节将开始讨论具体的激励问题。

3. 标准 Newsvendor 问题背景下的 Stackelberg 激励模型

首先引入一个概念：

定义 1　最优供应链激励契约 $I^*(i_1, i_2, \cdots, i_n)$：上游制造商向下游零售商提供基于契约向量 $(i_1, i_2, \cdots, i_n)$ 的激励契约 $I(i_1, i_2, \cdots, i_n)$，若该激励契约可行，则称其为最优激励契约当且仅当其满足条件：零售商在此激励契约下相应的最优订购量 $Q^{(I)^*} = \arg(\max\limits_{Q>0} E\Pi_R^{(I)}) = Q^{(c)^*}$，即供应链将达到集体理性的整体最优期望收益 $E\Pi_{SC}^{(c)^*}$。

引理　一个供应链激励契约 $I(i_1, i_2, \cdots, i_n)$ 可行，当且仅当其满足供应链双方的个体理性约束条件和激励相容约束条件，即

(1) 制造商在此激励契约下的期望收益 $E\Pi_M^{(I)^*} \geqslant \underline{U}_M$（制造商理性约束条件）；

(2) 零售商在此激励契约下的期望收益 $E\Pi_R^{(I)^*} \geqslant \underline{U}_R$（零售商理性约束条件）；

(3) $Q^{(I)^*} = \arg(\max\limits_{Q>0} E\Pi_R^{(I)})$（零售商激励相容约束条件）；

(4) $I^* = \arg(\max\limits_{I} E\Pi_M^{(I)})$（制造商激励相容约束条件）。

该引理是显然的。在此基础上，我们提出以下结论：

命题 3（对称信息下供应链协调问题的讨价还价属性）

在对称信息下，制造商与零售商之间基于最优供应链激励契约形式 $I^*(i_1, i_2, \cdots, i_n)$ 的 Stackelberg 主从博弈问题本质上是供应链整体期望收益 Pareto 最优下的一个讨价还价（offer-counteroffer）模型，并具有无穷子博弈精炼纳什均衡解。

［证明］

由命题 1 和命题 2 可知，$Q^{(0)^*} \neq Q^{(c)^*}$，这说明在不存在制造商激励契约的情形下，零售商追求自身期望收益最大化的结果将导致供应链整体的期望收益无法达到，即 $\Delta = E\Pi_{SC}^{(c)^*} - E\Pi_{SC}^{(0)^*} > 0$。若某激励契约形式 $I^*(i_1, i_2, \cdots, i_n)$ 为最优供应链激励契约形式，则其将满足供应链双方的个体理性约束条件和激励相容约束条件，且有 $E\Pi_M^{(I^*)^*} + E\Pi_R^{(I^*)^*} = E\Pi_{SC}^{(c)^*}$。

记 $\omega = \dfrac{E\Pi_M^{(I^*)^*}}{E\Pi_{SC}^{(c)^*}}$，注意到 $E\Pi_{SC}^{(c)^*}$ 为常数，因此有

$$\frac{\underline{U}_M}{E\Pi_{SC}^{(c)^*}} \leqslant \omega \leqslant 1$$

$$E\Pi_M^{(I^*)^*} = \omega E\Pi_{SC}^{(c)^*}$$

$$E\Pi_R^{(I^*)^*} = (1-\omega) E\Pi_{SC}^{(c)^*}$$

由于在其激励契约形式下制造商的期望收益 $E\Pi_M^{(I^*)^*}$ 和零售商的期

望收益 $E\Pi_R^{(I^*)^*}$ 以及比例系数 δ 均由激励契约向量（i_1，i_2，…，i_n）决定，而在对称信息下，双方了解博弈过程中的所有变化，因此，双方期望收益的最终取值或说激励契约向量（i_1，i_2，…，i_n）的最终取值将由双方的实力对比与谈判的耐心程度等决定。

换言之，双方关于激励契约的博弈过程本质上是一个关于供应链最大期望收益 $E\Pi_{SC}^{(c)^*}$ 的分配比例系数 ω 在区间 $\left[\dfrac{U_M}{E\Pi_{SC}^{(c)^*}}, 1\right]$ 上具体取值的一个讨价还价(offer-counteroffer)问题。由于该区间具有连续统，因此，这一博弈模型具有无穷多个均衡解，而均衡解的最终选择结果将取决于供应链双方的实力对比与谈判耐心程度等因素。

接下来，本书将以回购契约为例，来检验命题 3。

4. 对称信息下回购契约讨价还价属性检验

考虑上游制造商采用回购契约作为对下游零售商的激励策略，即制造商向零售商承诺：在销售季节结束时，若零售商有多余的产品积压，则制造商承诺以某个回购价格 $b(s \leqslant b \leqslant c)$ 将积压产品购回。关于回购契约，本书提出以下命题：

命题 4(可行回购合同的存在性)　必存在基于批发价格 c 和回购价格 b 的可行回购合同，使得相对于不进行回购时制造商的期望利益增加，而零售商的期望收益不减。

［证明］

制造商提出回购激励价格组合（c，b），此时相当于零售商期末积压产品的残余价值为 $b(b \geqslant s)$，从而类似于 2(1)可知，零售商将为获得自身最大化期望收益而给出订购量：

$$Q^{(b)^*} = F^{-1}\left(\frac{p-c}{p-b}\right) > Q^{(0)^*} = F^{-1}\left(\frac{p-c}{p-s}\right)$$

注意到只有在供应链整体期望收益达到最大化的前提下，制造商的期望收益才有最大的提升空间，故此，制造商的激励方向就是寻找适当的激励向量 (c, b) 以使得零售商的采购量等于系统最优批量，即

$$Q^{(b)^*} \equiv F^{-1}\left(\frac{p-c}{p-b}\right) = Q^{(c)^*} \equiv F^{-1}\left(\frac{p-v}{p-s}\right)$$

并在此基础上实现自身利益最大化。

可以采用线性合同方式对上述思路进行描述：

制造商在零售商采购产品 Q、实现供应链整体收益 $\Pi_{SC}^{(b)}(Q)$ 是向零售商提供转移支付 $t(\Pi_{SC}^{(b)}) = \Pi_R^{(b)}$，即共享系统收益的合同形式：

$$t(\Pi_{SC}^{(b)}) = \left((p-c) - \frac{(p-b)(p-v)}{p-s}\right)Q + \frac{p-b}{p-s}\Pi_{SC}^{(b)} \quad (3-1)$$

此时，制造商的期望收益为

$$E\Pi_M^{(b)} = E(\Pi_{SC}^{(b)} - t)$$

从而其决策问题为

$$\max_{Q,\, t} E\Pi_M^{(b)}$$
$$s.t. \begin{cases} E\Pi_R^{(b)} \geqslant \underline{U}_R & (IR) \\ E\Pi_R^{(b)}(Q) = \max\limits_{q>0} E\Pi_R^{(b)}(q) & (IC) \end{cases} \quad (3-2)$$

其中第一个约束 IR 为零售商个人理性约束，即接受此合同的收益不能低于不接受合同的期望收益 $\underline{U}_R$（或称保留效用，特别地，此处可取 $\underline{U}_R = E\Pi_R^{(0)^*}$）；第二个约束 IC 为零售商激励相容约束，即在合同下代理人总是选择使自己的期望收益最大化的决策，此处表现为零售商的最优采购批量 $Q^{(b)^*}$。

为略去简单情形，不失一般性，设 $s < v \leqslant c \leqslant p$，则式(3-2)可以进一步明确为

$$\max_{b,c}(E\Pi_{SC}^{(b)} - Et)\mid_{Q^{(b)^*}}$$

$$s.t.\begin{cases}-Et\mid_{Q^{(b)^*}} \leqslant -\underline{U}_R \\ s < v \leqslant c \leqslant p\end{cases} \tag{3-3}$$

$$\Leftrightarrow \max_{b,c} E\Pi_{SC}^{(b)}\mid_{Q=F^{-1}\left(\frac{p-c}{p-b}\right)}$$

$$s.t.\ s < v \leqslant c \leqslant p$$

由 $Q^{(b)^*} = \arg\left(\max\limits_{Q>0} E\Pi^{(b)}(Q)\right)$，式(3-3)的解须满足：

$$F^{-1}\left(\frac{p-v}{p-s}\right) = F^{-1}\left(\frac{p-c}{p-b}\right)$$

$$\Rightarrow \frac{p-v}{p-s} = \frac{p-c}{p-b}$$

$$\Rightarrow b = \frac{p(c-v)+s(p-c)}{p-v}$$

从而回购激励价格组合 $\left\{(c, b)\,\middle|\, b = \frac{p(c-v)+s(p-c)}{p-v},\ s < v \leqslant c \leqslant p\right\}$ 将产生供应链整体最优采购批量 $F^{-1}\left(\frac{p-v}{p-s}\right)$、供应链最大预期收益 $E\Pi_{SC}^{(b)^*} = E\Pi_{SC}^{(c)^*}$，并带给零售商合同下最优期望收益 $E\Pi_R^{(b)^*} = \frac{p-c}{p-v}E\Pi_{SC}^{(b)^*}$。由此可知，制造商通过选择适当的批发价格 c 可以使得 $E\Pi_R^{(b)^*} = E\Pi_R^{(0)^*}$，同时，由于回购策略实现了供应链整体期望收益最大化，因此制造商收益增加。至此命题 4 得证。

值得注意的是，上面的建模与模型求解过程实现了系统期望收益的一个 Pareto 最优，并且批发价格 c（与相应的回购价格 b）的不同取值体现了对该 Pareto 最大系统期望收益在上、下游之间的不同分配比例 $\left(\frac{c-v}{p-v}\right)\Big/\left(\frac{p-c}{p-v}\right)$，因此，还可以得出以下更强的结论：

推论1(主导型制造商最优回购合同) 对于具有保留效应 $\underline{U}_R$ 的零售商，处于领导地位的制造商通过提供基于回购激励价格组合 (c, b) 的合同 $\left\{t(E\Pi_{SC}^{(b)^*}) \equiv \frac{p-c}{p-v}E\Pi_{SC}^{(b)^*} = \underline{U}_R\right\}$ 可以获得自己的最大期望收益，同时实现供应链期望收益的 Pareto 最优。即制造商能够通过取特定的 c（与 b）实现供应链整体最优期望收益，且使零售商仅得到保留效应。

特别的，若零售商的保留效用为零，还有以下结论：

推论2 对于完全从属的零保留效应零售商，具有回购合同制定权的制造商可以向其提供最大批发价格和最大回购价格 $c=b=p$ 以获得全部的供应链最大收益。

此时形成的事实上是一种托卖合同(Consignment Contract)。

另一方面，对于具有相同知识水平的零售商而言，同样能够理解回购激励的制定过程和全部意义，因此对称地有以下结论：

推论3 具有回购合同制定权的零售商可以通过向制造商要求最低批发价格 $c=v$、不回购 $(b=0)$ 的交易模式获取全部供应链 Pareto 最优期望收益。

此时形成的事实上是一种委托生产合同。

继续考虑到当具有相同知识水平的制造商与零售商的相互地位介于上面两种极端情形之间时，下边的博弈将会自然出现：① 采购(生产) $F^{-1}\left(\frac{p-v}{p-s}\right)$ 批量的货物以实现系统收益 Pareto 最优；② 尽可能争取到最有利的批发价格 c（和相应的回购价格 b）以得到最有利的供应链最优总期望收益分成 $\left(\frac{c-v}{p-v}\right)/\left(\frac{p-c}{p-v}\right)$。即类似于 3 中的命题 3，有下边的结论：

命题5(回购契约的讨价还价属性)

制造商与零售商之间基于由回购激励价格组合 (c, b) 确定的回购激

励合同$\left\{t(\Pi_{SC}^{(b)})=\frac{p-c}{p-v}\Pi_{SC}^{(b)}\middle|b=\frac{p(c-v)+s(p-c)}{p-v},\ s<v\leqslant c\leqslant p\right\}$的 Stackelberg 主从博弈过程是供应链整体期望收益 Pareto 最优下的一个讨价还价(offer-counteroffer)模型，并具有不唯一子博弈精炼纳什均衡解。

当二者都不具备绝对领导地位时，收益的分配比例(或说批发价格 c、回购价格 b 的取值)将取决于二者的实力对比和谈判能力等因素(各自的贴现因子)，且由于该讨价还价模型中谈判时间长度是有限的，因而通常这一讨价还价的谈判过程无法得到唯一子博弈精炼纳什均衡解。

更进一步，当注意到回购激励决策是在考察供应链系统期望收益的最大化来确定最优订购批量、获取最大潜在增长空间的基础上寻找恰当的激励变量值时，可以发现其中所蕴含的合作博弈与收益共享的思想，而适当的批发价格 c、回购价格 b 和相应的采购批量 $Q^{(I)}=Q(c,\ b)$ 则明确了彼此的努力程度，并提供了达到供应链系统协调后所获得的最大系统期望收益的分配比例，因此得到：

推论 4(回购合同的合作博弈趋向)　回购合同是供应链收益共享合同的一种有效实现形式，可以在合作博弈的思想下进一步简化为：① 寻找供应链最优供货量 $Q^{(c)^*}$；② 谈判确定系统 Pareto 最优期望收益的分配系数 $\omega\left(\omega\in\left[\frac{U_M}{E\Pi_{SC}^{(c)^*}},\ 1\right]\right)$。即回购契约为对称信息下基于合作博弈的供应链协调契约提供了一种很好的实现形式。

5. 算例分析

为对以上相关结论进行示性分析、揭示决策变量及参数之间的关联，考察以下算例：

设某滑雪服的制造成本 $v=10$ 元，市场销售价 $p=200$ 元，相应的市场需求服从正态分布 $N(1\,000,\ 300^2)$，季末积压产品的残余价值 $s=2$

元。据此可以给出不同回购合同下供应链双方的收益图表(表 3-1、图 3-1)。

从中可以发现:

① 在任意给定的同一批发价下,制造商所给予零售商的回购价与采购量、零售商预期收益、预期回购量正向变动。

这意味着,若制造商给出的激励力度越强,零售商越有动力提高自己的采购批量规模,相应的,其期望收益也越高。但是,其中的一个值得注意的迹象就是零售商所采购的产品的预期回购数量也随着激励强度 b 的增大而增大,这对于制造商而言未必是好消息,即

表 3-1 不同回购价格组合的效益

批发价 c	回购价 b	零售商订购量	零售商预期收益	制造商预期收益	供应链预期总收益	预期回购量
60	2	1 163	119 572	58 173	177 744	219
	40	1 345	130 119	53 434	183 553	364
	54.1	1 524	136 197	48 642	184 839	529
	56	1 574	137 243	47 530	184 772	578
100	2	1 004	76 305	90 342	166 647	122
	40	1 096	81 799	92 010	193 809	174
	80	1 290	91 005	91 409	182 414	317
	95.8	1 524	97 284	87 555	184 839	529
	97	1 568	97 948	86 839	184 787	572
140	2	845	39 253	109 888	149 141	58
	40	904	41 799	114 612	156 411	78
	80	1 000	45 638	120 665	166 303	120
	120	1 202	52 373	127 148	179 521	247
	137.5	1 524	58 370	126 469	184 839	529
	139	1 640	59 252	125 276	184 528	642

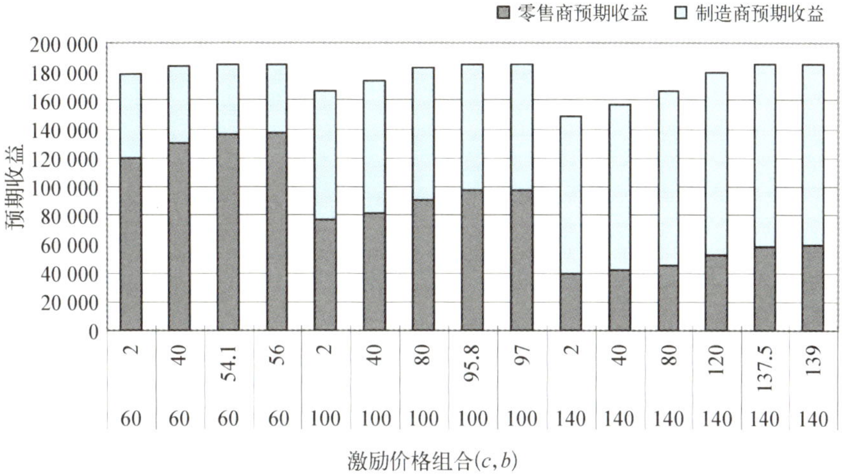

图 3-1　供应链上、下游的预期收益对比

② 在回购激励模式下，制造商的预期收益并不必然随着激励强度 b 的升高而增长。

对于制造商而言，最符合自身期望收益最大化原则的最优回购价格 b 与事先给定的批发价格 c 有密切联系。

③ 在任意给定的批发价格下，一定存在适当的回购激励价格，使得采用回购激励机制下的供应链总体预期收益比不进行回购激励情形下更大，同时，制造商和零售商双方的预期收益都有相应的增长。

④ 在回购价格组合(60，54.1)、(100，95.8)和(140，137.5)下，采购批量均为 1 524、预期回购量均为 529、供应链预期总收益均为最大值 184 839，而它们都符合了 4 中的线性关系。

⑤ 三个最优价格组合中，批发价最大的(140，137.5)对应的制造商收益最大。

这几个重要结果为 4 中的论断提供了良好的佐证。

3.1.2　考虑决策者风险偏好的 Stackelberg 主从博弈

在节 3.1.1 中，分析了上、下游决策者均为风险中性偏好的情形，即二者的决策目标均为自身期望收益的最大化。在此基础上设计的最优供应链协调策略的根本任务就是调节最优供应链整体期望收益在二者之间的分配。而事实上，这一风险中性假设忽略了实际问题当中的一些关键问题，其中一个重要内容就是获得该“最大期望收益”的风险。由于商业活动中存在着许多的不确定因素，如市场需求量、订货提前期等，这导致参与者的获利值通常呈现出很大的随机性，因此，在衡量交易是否值得参与时，人们将会权衡获得该收益的“不确定性”的大小。也就是说，在实践中，决策者是有其风险偏好的，如风险喜好、风险厌恶等，有时二者是可变的。换句话说，决策目标函数通常不是期望收益，而是体现了其风险偏好的“期望效用”。

由此，值得指出的是，由于前述最优供应链协调策略往往在实现调节收益分配的目标的同时，也会影响双方决策者收益的风险的变化。从而，在风险中性假设下，无需考虑的决策者风险偏好就成为研究、分析、设计供应链协调策略的另一个重要的问题。此处，本书以回购契约为例来说明决策者收益风险偏好对供应链协调策略的影响，并研究相应对策。

1. 模型意义及相关假设

效用，指一定货币收入给人们带来的满足程度[183]。在我们的问题中，可以把效用理解为同一决策问题中各备选方案条件结果对决策者产生的主观和客观的综合作用或价值。风险，指决策问题中面临的不确定性[184]，通常可以用期望收益的方差来衡量。关于效用函数的选取，Markowitz 均值-方差模型给出了很好的参考，比如设期望效用为期望收益及其方差的线性函数、或变异系数（收益期望值及其标准差之比）的线性函数等。

然而，采用随机收益的方差来反映风险时，对实际收益小于或大于期望收益均认为是风险，而在实际问题中，市场需求量高于采购量的情形并不产生“人们关心的”效用意义上的风险，即对积压库存（出现于需求量低于采购量)的排斥能更准确地反映实际情况。鉴于以上考虑，本书提出库存积压风险规避因子来讨论这一问题。

考虑风险规避的零售商，其主要关注库存积压风险，即期末库存积压将导致的潜在损失 $(p-b)(Q-D)$(若 $D<Q$)。该潜在损失的期望值为 $(p-b)\left(QF(Q)-\int_0^Q xf(x)\mathrm{d}x\right)$，由此，设库存积压造成的损失的期望效用的确定性等价为 $(1+\mu)(p-b)\left(QF(Q)-\int_0^Q xf(x)\mathrm{d}x\right)$，其中正常数 μ 为零售商的库存积压风险规避因子，μ 越大，说明下游零售商对库存积压越敏感，排斥性也越强。

2. 包含库存积压风险规避因子的回购决策模型

假设此时制造商仍然是风险中性偏好的，而零售商是库存积压风险规避者，具有 1 中所示的库存积压风险规避因子 μ，则此时零售商的效用函数为

$$U_R^{(b,\mu)}=\begin{cases}Q(p-c), & D\geqslant Q\\ Q(p-c)-(1+\mu)(p-b)(Q-D), & D<Q\end{cases}$$

从而其期望效用为

$$EU_R^{(b,\mu)}=Q(p-c)-(1+\mu)(p-b)\left(QF(Q)-\int_0^Q xf(x)\mathrm{d}x\right)$$

注意到

$$EU_R^{(b,\mu)}=E\Pi_R^{(b)}-\mu(p-b)\left(QF(Q)-\int_0^Q xf(x)\mathrm{d}x\right)$$

即其中表现出了风险成本 R：

$$R=\mu(p-b)\left(QF(Q)-\int_0^Q xf(x)\mathrm{d}x\right)。$$

首先给出以下有违直觉的命题：

命题 6　在完全信息的情形下，主导型的制造商仍然可以通过提供

适当的回购激励价格组合 (c, b) 使库存积压风险规避型的零售商与风险中性的零售商一样仅取得其保留效用。

在证明命题 6 之前,先证明以下结论:

命题 7 对于具有库存积压风险规避因子 μ 的零售商:

① 制造商提供的最优回购激励契约形式改变为

$$\left\{(c, b) \middle| b = \frac{\mu p}{1+\mu} + \frac{(c-v)p+(p-c)s}{(1+\mu)(p-v)}, (v \leqslant c \leqslant p)\right\}$$

② 较之于同一批发价格 c 下的风险中性偏好零售商,制造商将需要向库存积压风险规避的零售商支付额外的风险溢金:

$$R^* = \frac{\mu(p-b)}{p-s}\left((p-v)\,F^{-1}\left(\frac{p-v}{p-s}\right) - E\,\Pi_{SC}^{(c)^*}\right)$$

③ 供应链整体最优期望收益的分配方式仍然由批发价格 c 和回购价格 b 决定,但比例改变为

$$\left(\frac{c-v}{p-v}E\,\Pi_{SC}^{(c)^*} - R^*\right) \Big/ \left(\frac{p-c}{p-v}E\,\Pi_{SC}^{(c)^*} + R^*\right)$$

④ 相同批发价格下,对于库存积压风险规避型零售商,制造商需要付出更大的激励力度 b。

[证明]

由 $EU_R^{(b,\,\mu)} = E\Pi_R^{(b)} - R = Q(p-c) - (1+\mu)(p-b)\left(QF(Q) - \int_0^Q xf(x)\mathrm{d}x\right)$,则零售商的最优采购批量 $Q^{(b,\,\mu)^*} = \arg\left(\max\limits_{Q>0} EU_R^{(b,\,\mu)}\right) = F^{-1}\left(\frac{p-c}{(1+\mu)(p-b)}\right)$,代入得到其相应的最大期望效用 $EU_R^{(b,\,\mu)^*} = EU_R^{(b,\,\mu)}(Q^{(b,\,\mu)^*})$ 与期望收益 $E\Pi_R^{(b,\,\mu)} = EU_R^{(b,\,\mu)^*} + R^*$。

从而类似于 3.1.1 节中的第 4 款,制造商将给出回购激励价格

组合 $\left\{(c,\ b)\left|\ \frac{p-c}{(1+\mu)(p-b)}=\frac{p-v}{p-s}\right.\right\}$ (即 $\left\{(c,\ b)\left|b=\frac{\mu p}{1+\mu}+\frac{(c-v)p+(p-c)s}{(1+\mu)(p-v)},\ v\leqslant c\leqslant p\right.\right\}$) 以使得零售商的采购量 $Q^{(b,\ \mu)^*}=F^{-1}\left(\frac{p-c}{(1+\mu)(p-b)}\right)$ 等于供应链整体最优采购量 $Q^{(c)^*}=F^{-1}\left(\frac{p-v}{p-s}\right)$，并确保供应链整体期望收益：

$$E\Pi_{SC}^{(b)}=Q(p-v)-(p-s)\left(QF(Q)-\int_0^Q xf(x)\mathrm{d}x\right)$$

达到最优值 $E\Pi_{SC}^{(c)^*}$。此时，零售商得到的相应的最大期望效用为

$$EU_R^{(b,\ \mu)^*}=\frac{(1+\mu)(p-b)}{p-s}E\Pi_{SC}^{(c)^*}=\frac{p-c}{p-v}E\Pi_{SC}^{(c)^*}$$

同时，由

$$E\Pi_{SC}^{(c)^*}=Q^{(b,\ \mu)^*}(p-v)-p\left(Q^{(b,\ \mu)^*}F(Q^{(b,\ \mu)^*})-\int_0^{Q^{(b,\ \mu)^*}}xf(x)\mathrm{d}x\right)$$

知此时零售商相应的风险成本为

$$\begin{aligned}R^*&=\mu(p-b)\left(Q^{(b,\ \mu)^*}F(Q^{(b,\ \mu)^*})-\int_0^{Q^{(b,\ \mu)^*}}xf(x)\mathrm{d}x\right)\\&=\mu(p-b)\left[\frac{p-v}{p-s}F^{-1}\left(\frac{p-v}{p-s}\right)-\frac{E\Pi_{SC}^{(c)^*}}{p-s}\right]\end{aligned}$$

又注意到在此回购激励 $(c,\ b)$ 下，零售商得到的实际货币收入并不是期望效用 $EU_R^{(b,\ \mu)^*}=\frac{p-c}{p-v}E\Pi_{SC}^{(c)^*}$，而是期望收益：

$$\begin{aligned}E\Pi_R^{(b,\ \mu)^*}&=EU_R^{(b,\ \mu)^*}+R^*\\&=\frac{p-c}{p-v}E\Pi_{SC}^{(c)^*}+\mu(p-b)\left[\frac{p-v}{p-s}F^{-1}\left(\frac{p-v}{p-s}\right)-\frac{E\Pi_{SC}^{(c)^*}}{p-s}\right]\end{aligned}$$

比较 $E\Pi_R^{(b,\mu)^*}$ 与 3.1.1 节中第 4 款中零售商的最大期望收益 $E\Pi_R^{(b)^*}=\frac{p-c}{p-v}E\Pi_{SC}^{(c)^*}$，可知当批发价格 c 相同时，对于库存积压风险规避的零售商，制造商需要承担风险成本 R^* 才能达到相同的激励效果。

至此①、②、③得证。④是显然的，在相同的批发价格 c 下对库存积压风险规避型零售商的回购价格 b 恒大于风险中性零售商，即

$$\left(\frac{\mu p}{1+\mu}+\frac{(c-v)p+(p-c)s}{(1+\mu)(p-v)}\right)-\left(\frac{p(c-v)+(p-c)s}{p-v}\right)$$

$$=\frac{\mu(p-c)(p-s)}{(1+\mu)(p-v)}\geqslant 0$$

以上结论还说明了一个问题：风险成本的大小将影响到制造商的收益，即太过害怕风险的零售商不利于合作关系的形成与稳固。

有了这些结论之后，命题 6 的证明就比较明了了：

注意到连续函数

$$U=U(c)=\frac{p-c}{p-v}E\Pi_{SC}^{(c)^*}+\mu(p-b)\left[\frac{p-v}{p-s}F^{-1}\left(\frac{p-v}{p-s}\right)-\frac{E\Pi_{SC}^{(c)^*}}{p-s}\right]$$

$$\left(\text{其中 } b=b(c)=\frac{\mu p}{1+\mu}+\frac{(c-v)p+(p-c)s}{(1+\mu)(p-v)}\right)$$

满足：

$$U\mid_{c=p}=0、U\mid_{c=v}>E\Pi_{SC}^{(c)^*}$$

根据介值定理可知，对于 $0\leqslant \bar{U}_R<E\Pi_{SC}^{(c)^*}$，必定存在 $(\hat{c},\ \hat{b}=b(\hat{c}))$ 使得 $E\Pi_R^{(b)}(\hat{c},\ \hat{b})=\bar{U}_R$，即对于库存积压风险规避型零售商，在供应链中处于主导地位的制造商总能够找到 $(c,\ b)$ 的具体取值使得零售商仅获得收益的保留值。

3. 算例分析

接下来以一个具体的例子对库存积压风险对供应链及上、下游企业的预期收益的影响进行示性分析。

设某季节性商品的生产成本 $v = 20$，市场售价 $p = 100$。市场需求服从正态分布 $N(3\,000, 1\,000^2)$。积压产品的残余价值 $s = 0$。库存积压风险规避型零售商的规避因子为 μ。

(1) 风险中性与库存积压风险规避两种情形的收益比较

表 3 - 2 给出了在零售商为风险中性和库存积压风险规避(规避因子为 0.1)两种情形下，相应于不同的具体回购激励价格组合 (c, b) 的期望收益，对比表 3 - 2 中的数据可以发现：

① 存在回购价格组合 (c, b) 使得库存积压风险规避情形下同样能够达到供应链整体期望收益的 Pareto 最优；

如回购价格组合(50, 43.19)、(70, 65.91)以及(90, 88.64)，分别都使得供应链整体期望收益达到了最优值 212 004。

② 同一批发价格下的最优回购合同中，风险中性情形的回购价格小于库存积压风险规避情形，而库存积压风险规避情形下零售商期望收益大于风险中性的零售商，制造商则相反；

即制造商需要向库存积压风险规避的零售商支付额外的风险溢金以保证得到相同的激励效果。

③ 同一批发价格下，回购价格越高，两种情形下零售商的收益均越高；

即零售商的期望收益总是与制造商所给予的回购价格呈正向变动的。

④ 托卖合同 $(c = b = p)$ 下，风险溢金为零。

即在托卖合同情形下，由于零售商不承担任何库存风险，从而零售商的风险偏好与制造商(供应链)收益无关。

表 3-2　风险中性与库存积压风险规避两种情形的收益比较

风险中性						库存积压风险规避（$\mu=0.1$）				
批发价 c	回购价 b	零售商收益	制造商收益	供应链收益	订购批量	回购价 b	零售商收益	制造商收益	供应链收益	订购批量
50	0	110 106	90 000	200 106	3 000	0	109 846	86 574	196 420	2 886
	30	126 207	89 464	210 860	3 566	30	125 798	82 915	208 714	3 384
	37.5	132 502	79 501	212 004	3 842	43.19	137 919	74 085	212 004	3 842
	40	135 009	76 781	211 709	3 967	45	140 171	71 701	211 872	3 940
70	0	55 231	123 780	179 011	24 756	0	55 121	119 771	174 891	2 395
	30	62 523	131 538	194 061	2 820	30	62 386	127 753	190 138	2 720
	62.5	79 501	132 502	212 004	3 842	65.91	82 751	129 253	212 004	3 842
	65	82 102	129 233	211 335	4 068	68	85 468	125 984	211 452	4 046
90	0	12 450	120 291	132 742	1 718	0	12 426	116 538	128 963	1 665
	30	14 205	133 076	147 281	1 932	30	14 178	129 159	143 336	1 873
	60	17 289	153 837	171 125	2 326	60	17 255	149 751	167 006	2 252
	87.5	26 500	185 503	212 004	3 842	88.64	27 584	184 420	212 004	3 842
	89	28 200	180 873	209 074	4 335	89	28 034	183 837	211 872	3 940
→100	→100	0.000 2	200 106	200 106	3 000	100	0.000 3	209 074	209 074	4 335

（2）库存积压风险规避因子 μ 对收益的影响分析

接下来分析在库存积压风险规避情形下，库存积压风险规避因子的大小对供应链预期收益的影响。给定批发价格 $c=50$，考虑库存积压风险规避因子 μ 在区间 [0, 0.1] 上取值时制造商采用最优回购合同

$$\left\{(c,\ b)\ \middle|\ b=\frac{\mu p}{1+\mu}+\frac{(c-v)p+(p-c)s}{(1+\mu)(p-v)},\ v\leqslant c\leqslant p\right\}$$

所带来的收益：

从表 3-3 中可以看到，对任意库存积压风险规避因子都存在相应的最优回购激励合同，使供应链的预期总收益达到了 Pareto 最优，然

而，对于制造商来说，随着零售商风险规避系数的增长，它所需要付出的激励强度也要进行相应的逐步增长(图 3－2)，但是所得到的预期收益却在不断减少(图 3－3)，相反地，零售商的收益却在不断地增长。

表 3－3　库存积压风险规避因子对收益的影响

规避因子 μ	采购批量(不回购时)	回购价格 b	零售商收益	制造商收益	供应链收益
0.00	3 000	37.5	132 502	79 501	212 004
0.01	2 987	38.12	133 092	78 912	212 004
0.02	2 975	38.73	133 671	78 333	212 004
0.03	2 963	39.32	134 238	77 766	212 004
0.04	2 951	39.9	134 794	77 210	212 004
0.05	2 940	40.48	135 340	76 664	212 004
0.06	2 928	41.04	135 875	76 129	212 004
0.07	2 917	41.59	136 400	75 604	212 004
0.08	2 907	42.13	136 916	75 088	212 004
0.09	2 896	42.66	137 422	74 582	212 004
0.10	2 885	43.18	137 919	74 085	212 004

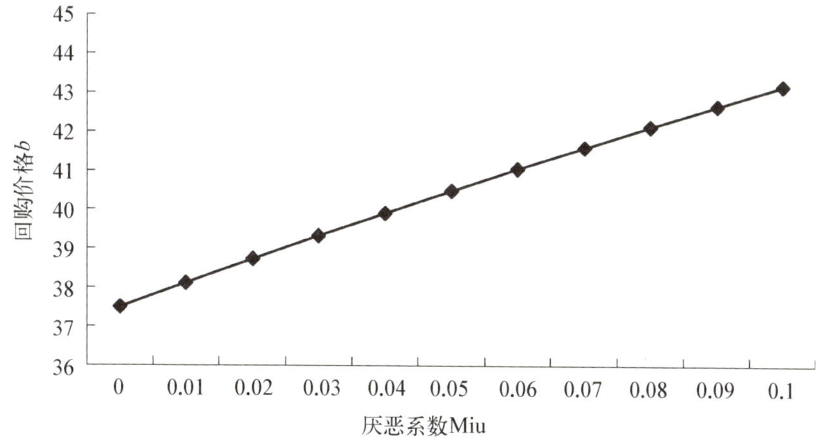

图 3－2　库存积压风险规避因子与回购价格的关系

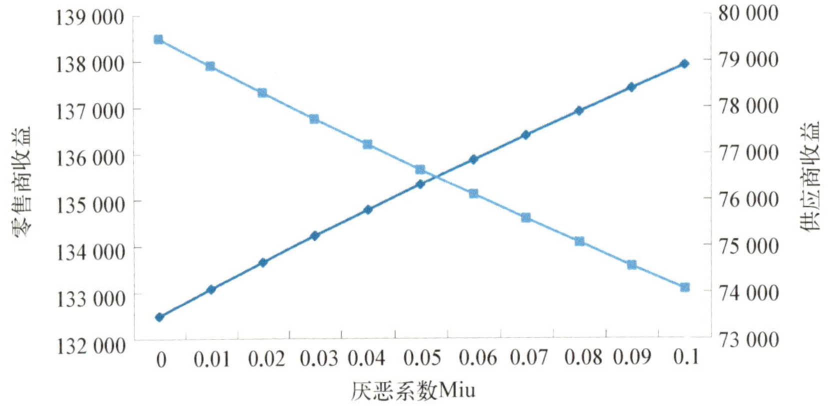

图 3-3　库存积压风险规避因子与供应链伙伴的收益的关系

这验证了本书前面的结论：零售商的风险规避程度越强，即零售商越是规避风险，制造商的回购价格（回购激励力度）将不得不提高，这将导致其预期收益降低。这从一个侧面说明，由于零售商库存积压风险规避程度的增大将导致其采购批量规模不断下降，这意味着相对于风险中性情形，此时采用回购激励契约对于激励方（制造商）而言将需要承担额外的风险成本，也就是说，此时回购契约有其局限性。

4. 协调对策：基于批发价的目标回购——改进的回购策略

为消除或者缓解由于被激励方（零售商）具有库存积压风险规避偏好而带来的不利影响，考虑对原有回购激励契约作如下修订：

基于批发价的目标回购契约：制造商向零售商提出以下激励策略，若零售商的采购量 Q 达到了 $Q^{(c)^*}\equiv F^{-1}\left(\dfrac{p-v}{p-s}\right)$，则对于零售商在销售季节末期的积压库存以批发价全部购回。

则有命题如下：

命题 8　基于批发价的目标回购契约能有效消除零售商库存积压风险规避倾向的影响。

[证明]

当不存在基于批发价的目标回购策略时，根据 3.1.2 节中的第 2 款可知，库存积压风险规避型零售商的效用为

$$U_R^{(b,\mu)}=\begin{cases}Q(p-c), & D\geqslant Q\\ Q(p-c)-(1+\mu)(p-b)(Q-D), & D<Q\end{cases}$$

在制造商向零售商提供了基于批发价的目标回购策略之后，其效用变成

$$\widetilde{U}_R^{(b,\mu)}=\begin{cases}Q(p-c), & D\geqslant Q\\ D(p-c), & D<Q\end{cases}$$

对于零售商的任意采购批量 Q：

$$EU_R^{(b,\mu)}-E\widetilde{U}_R^{(b,\mu)}$$

$$=\left(\int_Q^{+\infty}Q(p-c)f(x)\mathrm{d}x+\int_0^Q x(p-c)f(x)\mathrm{d}x\right)$$

$$-\left(\int_Q^{+\infty}Q(p-c)f(x)\mathrm{d}x+\int_0^Q (Q(p-c)-(1+\mu)(p-s)(Q-x))f(x)\mathrm{d}x\right)$$

$$=\int_0^Q(Q-x)((p-c)-(1+\mu)(p-s))f(x)\mathrm{d}x$$

注意到：

在区间 $(0, Q)$ 上，恒有 $Q-x>0$；

批发价 $c>$ 残余价值 $s\Rightarrow p-c<p-s\Rightarrow(p-c)-(1+\mu)(p-s)<0$

综上可知：

$$\int_0^Q(Q-x)((p-c)-(1+\mu)(p-s))f(x)\mathrm{d}x<0 \tag{3-4}$$

即

$$EU_R^{(b,\mu)}<E\widetilde{U}_R^{(b,\mu)}$$

因此，对于具有库存积压风险规避倾向的零售商而言，由于该契约

消除了季末库存积压的风险，从而有动力接受此契约。

至此，命题 8 证毕。

同样地，在这一契约下，激励方（制造商）可以通过调整批发价 c 的具体取值使得零售商的期望效用（期望收益）

$$E\widetilde{U}_R^{(b,\mu)}=(p-c)\left(Q^{(c)^*}(1-F(Q^{(c)^*}))+\int_0^{Q^{(c)^*}}xf(x)\mathrm{d}x\right)$$

在区间 $\left[0,E\Pi_{SC}^{(c)^*}-\int_0^{Q^{(c)^*}}s(Q^{(c)^*}-x)f(x)\mathrm{d}x\right]$ 上取任意值。因此，类似于命题 5，有以下推论：

推论 5（基于批发价的目标回购契约的讨价还价属性）

制造商与零售商之间基于目标回购激励的 Stackelberg 主从博弈过程仍然是供应链整体期望收益 Pareto 最优下的一个讨价还价（offer-counteroffer）模型，并具有不唯一子博弈精炼纳什均衡解。

其余结论平行可推出，此处不再赘述。

值得强调的是，由命题 8 证明过程中式（3－4）可知，事实上，即使零售商的库存积压风险规避因子 μ 为其私有信息（非对称信息），该基于批发价的目标或购激励契约仍然可以实现供应链协调。

当然，供应链中的非对称信息并不仅仅只有这一种情形，事实上，对称信息状态在供应链当中通常是不存在的，信息非对称是供应链信息结构的常态，接下来，本书将对此展开讨论。

3.2　非对称信息下供应链协调与激励机理分析

前一部分已经证明在对称信息下供应链可以实现 Pareto 最优协

调，然而，由于供应链各成员企业是独立的利益主体，因此，供应链上各成员企业之间源于主观和客观因素的信息非对称现象是普遍存在的。

按照委托-代理理论的观点，处于信息劣势的一方为委托人，具有信息优势的则为代理人。信息非对称通常会造成两类现象：代理人的逆向选择与道德风险。相应的，形成了三类主要博弈问题：委托人的信息甄别、代理人的信号传递（信号博弈）以及代理人道德风险控制。

本节将主要针对信息甄别问题进行研究。同时，为了使相关的分析在便利、统一的基础上展开，本节将假设供应链决策者具有风险中性偏好，即以追求期望收益最大化最为决策的目标。

3.2.1　含私有信息甄别的供应链协调模型

为讨论方便，首先给出以下概念约定：

定义 2　私有信息(Private Information)

本书基于委托-代理的角度把私有信息的概念界定为：影响代理人决策从而影响委托人期望收益（效用）的、代理人拥有而委托人不拥有的信息。

在供应链成员就季节性产品进行一次性（单期）博弈时，本书针对事前非对称信息（私有信息）的甄别问题提出以下命题：

命题 9　若供应链中代理人（零售商）拥有私有信息 λ，则：① 节 3.1 中所定义的供应链 Pareto 最优协调策略 $I^*(i_1, i_2, \cdots, i_n)$ 不存在；② 委托人（制造商）将不得不向零售商支付信息租金以获取该信息。

[证明]

此时，代理人（零售商）拥有与其订购批量决策有关的私有信息 λ。假设委托人（制造商）不知道 λ 的真实值，只知道其作为随机变量的先验分布信息 $\lambda \in \Lambda$，Λ 为零售商的类型空间。记 $\{\wp = (\lambda, I(\lambda)) \mid \lambda \in \Lambda\}$ 为此信息不对称情形下制造商的激励配置集，其中，$I(\lambda) = I(i_1(\lambda),$

$i_2(\lambda), \cdots, i_n(\lambda))$。

零售商将具有说谎的冲动，若虚假的 λ（记为 $\hat{\lambda}$）带来的收益 $E\Pi_R(\hat{\lambda})$ 比披露真实值时更大的话——本书关心的是这样的虚假值 $\hat{\lambda}_0(\hat{\lambda}_0 \neq \lambda)$ 总是存在的，即便只有一个，因此这一假设是自然的。

从而此时制造商的决策函数将被迫改变为

$$\max_{\S} E_\lambda(E\Pi_M^{(\S)}(\lambda \mid \lambda))$$

$$s.t. \begin{cases} E\Pi_{R}^{(\S)}(\lambda \mid \lambda) = \max\limits_{Q,\hat{\lambda}} E\Pi_R^{(\S)}(\hat{\lambda} \mid \lambda) \quad (IC) \\ E\Pi_{R}^{(\S)}(\lambda \mid \lambda) \geqslant \bar{U}_R \quad (IR) \end{cases} \tag{3-5}$$

其中，$E\Pi_R^{(\S)}(\hat{\lambda} \mid \lambda)$ 表示零售商在私有信息的真实值为 λ，并声称其为 $\hat{\lambda}$ 时所获得的激励相容的期望收益；期望算子 E_λ 表示对制造商的随机期望收益函数 $E\Pi_M^{(\S)}(\lambda \mid \lambda)$ 关于 λ 求期望值。此处，IC 条件称为信息显示机制，其作用在于：对于任意的信息值 λ 它都能使得零售商在说真话时才能获得自己的最大期望收益。

又注意到，对于任一给定的 λ，零售商具有最优订购批量 $Q^{(\S)^*}(\lambda) = \arg\max\limits_{Q>0} E\Pi_R^{(\S)}(\lambda)$，从而 IC 条件中的 Q 将取值为 $Q^{(\S)^*}(\lambda)$。

在非对称信息情形下，处于信息劣势的制造商将提出一个合同菜单 $\{\S = (\lambda, I(\lambda)) \mid \lambda \in \Lambda\}$ 供零售商斟酌、选择，对零售商所声称的信息值 λ，根据合同菜单，制造商将给出相应的激励 $I(\lambda)$。式(3-5)的含义在于，制造商希望找到一个适当的合同菜单以激励零售商说出信息 λ 的真实值，并在此基础上能够实现自身收益的最大化。

由 IC 条件可知：

$$E\Pi_{R}^{(\S)}(\lambda \mid \lambda) = \max_{\hat{\lambda}\in\Lambda} E\Pi_R^{(\S)}(\hat{\lambda} \mid \lambda) \geqslant E\Pi_R^{(\S)}(\hat{\lambda}_0 \mid \lambda) > E\Pi_R^{(\S)} \tag{3-6}$$

即此时零售商的期望收益总要严格大于信息对称时。

这说明为了使得零售商说实话，制造商不得不比信息对称情形下付出额外的转移支付(式(3-6)左、右两端两项的差值 $r = E\Pi_{R \atop \lambda \in \Lambda}^{(\S)}(\lambda \mid \lambda) - E\Pi_R^{(\S)}$)作为信息激励成本，称这类激励成本为信息租金。

至此，命题 9 的②得证。

①是显然的，采用反证法给出证明：

设 Pareto 最优系统收益能够达到，则

$$I^* = I^*(\lambda)(\forall \lambda \in \Lambda) \text{ 存在}$$

$$\Rightarrow i_k^* = i_k(\lambda)(1 \leqslant k \leqslant n),\ \forall \lambda \in \Lambda \quad \Rightarrow i_k(\lambda) \equiv i_k^*(1 \leqslant k \leqslant n)$$

这说明制造商给出的激励合同菜单与非对称信息 λ 无关，这与②中的 IC 条件矛盾，即无法保证零售商说真话。从而命题 9 的①得证。

命题 9 说明，由于非对称信息的存在，制造商会给出一个从供应链整体收益来看是次最优(second-best)的激励，这使得供应链的总期望收益无法获得其在集中决策模式下的最大值，即因为产生了无谓的代理成本而无法实现 Pareto 最优协调。命题 9 从一个侧面说明了信息共享障碍在供应链中的危害性以及消除的必要性和困难性。

3.2.2　基于回购契约的季末积压产品残余价值信息甄别

考虑报童模型中制造商向零售商提供基于批发价和回购价的回购激励策略。同时，为控制对季末积压产品进行回购时所产生的额外成本，制造商认为在季末需要回购时委托零售商进行积压产品的处理是更有利的。

零售商具有私有信息即自身的期末库存产品的残余价值 s，而制造商不了解 s 的具体数值，仅知其先验概率分布 $G(x)$ 及其密度函数 $g(x)$。

具体的，设已知：

该季节性产品的制造成本为 v，市场销售价为 p，相应的市场需求服从均匀分布 $U[0, M]$（M 为正常数），分布函数和密度函数分别为 $F(x)=\dfrac{x}{M}$、$f(x)=\dfrac{1}{M}$。零售商知道自身的季末库存积压产品的残余价值 s，而制造商仅知 s 的先验分布为均匀分布 $U[0, m]$，即 $G(x)=\dfrac{x}{m}$、$g(x)=\dfrac{1}{m}$。

1. 集中决策模式

类似于节 3.1.1，在追求供应链整体期望收益最大化的集中决策模式下，经过简单的计算可得

最优供货批量：

$$Q^{(c)^*}=F^{-1}\left(\frac{p-v}{p-s}\right)=M\frac{p-v}{p-s}$$

供应链最优期望收益：

$$\begin{aligned}E\Pi_{SC}^{(c)^*}&=\left(Q(p-v)-(p-s)\left(QF(Q)-\int_0^Q xf(x)\mathrm{d}x\right)\right)\bigg|_{Q=Q^{(c)^*}}\\&=\left(Q^{(c)^*}(p-v)-(p-s)\left(Q^{(c)^*}F(Q^{(c)^*})-\int_0^{Q^{(c)^*}}\frac{x}{M}\mathrm{d}x\right)\right)\bigg|_{Q=Q^{(c)^*}}\\&=\frac{M}{2}\frac{(p-v)^2}{p-s}\end{aligned}$$

2. 信息对称时的回购激励模式

同样，类似于节 3.1.1 计算可得

零售商的期望收益：

$$E\Pi_R^{(b)}=\frac{M}{2}\frac{(p-c)^2}{p-b-s}\tag{3-7}$$

相应的最优订购批量：

$$Q^{(b)^*} = M\frac{p-c}{p-b-s} \tag{3-8}$$

制造商的期望收益：

$$E\Pi_M^{(b)} = M\frac{p-c}{p-b-s}(c-v) - b\frac{M}{2}\left(\frac{p-c}{p-b-s}\right)^2 \tag{3-9}$$

3. 信息不对称对最优回购激励策略的影响

针对零售商所声称的残余价值 s，制造商给出相应的激励配置集合(激励菜单) $\{\S = (c(s), b(s)) \mid s \in [0, m]\}$。此时，如果处于信息对称情形，则由零售商的期望收益函数

$$E\Pi_R^{(\S)}(s) = Q(p-c) - (p-b-s)\left(QF(Q) - \int_o^Q xf(x)\mathrm{d}x\right)$$

可知其最优批量为

$$Q^{(\S)^*} \equiv F^{-1}\left(\frac{p-c}{p-b-s}\right) = M\frac{p-c}{p-b-s}$$

相应的最优期望收益为

$$E\Pi_R^{(\S)^*}(s) = \frac{M}{2}\frac{(p-c)^2}{p-b-s}$$

根据显示原理式(3 - 5)中的 IC 条件可知：

零售商披露私有信息(说真话)的期望收益函数为

$$E\Pi_R^{(\S)}(s \mid s)\big|_{Q=F^{-1}\left(\frac{p-c(s)}{p-b(s)-s}\right)} = \max_{0\leqslant \hat{s} \leqslant 10} E\Pi_R^{(\S)}(\hat{s} \mid s)\big|_{Q=F^{-1}\left(\frac{p-c(\hat{s})}{p-b(\hat{s})-s}\right)}$$

$$= \max_{0\leqslant \hat{s} \leqslant 10}\left\{F^{-1}\left(\frac{p-c(\hat{s})}{p-b(\hat{s})-s}\right)(p-c(\hat{s}))\right.$$

$$\left. -(p-b(\hat{s})-s)\left(F^{-1}\left(\frac{p-c(\hat{s})}{p-b(\hat{s})-s}\right)\frac{p-c(\hat{s})}{p-b(\hat{s})-s} - \int_0^{F^{-1}\left(\frac{p-c(\hat{s})}{p-b(\hat{s})-s}\right)} xf(x)\mathrm{d}x\right)\right\}$$

$$= \max_{0 \leqslant \hat{s} \leqslant 10} \left\{ M^* \frac{(p - c(\hat{s}))^2}{p - b(\hat{s}) - s} \right.$$

$$\left. - (p - b(\hat{s}) - s) \left(M^* \left(\frac{p - c(\hat{s})}{p - b(\hat{s}) - s} \right)^2 - \int_0^{M^* \left(\frac{p - c(\hat{s})}{p - b(\hat{s}) - s} \right)} x \frac{1}{M} \mathrm{d}x \right) \right\}$$

$$= \max_{0 \leqslant \hat{s} \leqslant 10} \frac{M}{2} \frac{(p - c(\hat{s}))^2}{p - b(\hat{s}) - s}$$

这意味着，$\hat{s} = s$ 是零售商说谎的期望收益函数 $E\,\Pi_R^{(\mathfrak{S})}(\hat{s} \mid s)\Big|_{Q = F^{-1}\left(\frac{p - c(\hat{s})}{p - b(\hat{s}) - s}\right)}$ 的最大值点，从而其一阶导数应满足

$$\left. \frac{\mathrm{d}E\,\Pi_R^{(\mathfrak{S})}(\hat{s} \mid s)}{\mathrm{d}\hat{s}} \right|_{\hat{s} = s} = 0$$

亦即

$$0 = \left. \frac{\mathrm{d}\left(\frac{M}{2} \frac{(p - c(\hat{s}))^2}{p - b(\hat{s}) - s} \right)}{\mathrm{d}\hat{s}} \right|_{\hat{s} = s}$$

$$= \frac{M}{2} \left. \frac{(p - c(\hat{s}))^2 b'(\hat{s}) - 2(p - c(\hat{s}))(p - b(\hat{s}) - s) c'(\hat{s})}{(p - b(\hat{s}) - s)^2} \right|_{\hat{s} = s}$$

$$= \frac{M}{2} \frac{(p - c(s))^2 b'(s) - 2(p - c(s))(p - b(s) - s) c'(s)}{(p - b(s) - s)^2} \tag{3-10}$$

即

$$(p - c(s)) b'(s) = 2(p - b(s) - s) c'(s) \tag{3-11}$$

另外，最优性还要求必要的二阶条件，即其二阶导数应满足

$$\left. \frac{\mathrm{d}^2 E\,\Pi_R^{(\mathfrak{S})}(\hat{s} \mid s)}{\mathrm{d}\hat{s}^2} \right|_{\hat{s} = s} \leqslant 0$$

亦即

$$0 \geqslant \frac{\mathrm{d}\left[\dfrac{M}{2}\dfrac{(p-c(\hat{s}))^2 b'(\hat{s})-2(p-c(\hat{s}))(p-b(\hat{s})-s)c'(\hat{s})}{(p-b(\hat{s})-s)^2}\right]}{\mathrm{d}\hat{s}}\Bigg|_{\hat{s}=s}$$

$$=\frac{M}{2}\frac{(p-c(s))^2 b''(s)+2c'^2(s)(p-b(s)-s)-2c''(s)(p-c(s))(p-b(s)-s)}{(p-b(s)-s)^4}$$

(3－12)

对式(3－10)就变量 s 两边求导、代入式(3－12)、并结合式(3－11)化简，可得

$$0 \geqslant \frac{\mathrm{d}\left[\dfrac{M}{2}\dfrac{(p-c(s))^2 b'(s)-2(p-c(s))(p-b(s)-s)c'(s)}{(p-b(s)-s)^2}\right]}{\mathrm{d}s}$$

$$-\frac{M}{2}\frac{2(p-c(s))c'(s)+2(p-c(s))[(p-c(s))b'(s)-2(p-b(s)-s)c'(s)]}{(p-b(s)-s)^4}$$

即

$$0 \geqslant \frac{-Mc'(s)(p-c(s))}{(p-b(s)-s)^4}$$

$$\Leftrightarrow c'(s) \geqslant 0 \qquad (3-13)$$

即证明了以下命题：

命题 10　若回购激励契约 $\{\wp=(c(s),\ b(s))\mid s\in[0,\ m]\}$ 满足式(3－11)和式(3－13)，则该激励契约能揭示零售商的私有信息。

另外，由微分方程(3－11)，根据节 3.1.1 中对命题 5 及推论 4 的讨论可知，若在期末积压库存产品残余价值 s 信息不对称时，仍然存在基于批发价和回购价组合 $(c,\ b)$ 的最优协调策略，则制造商和零售商将达到对最优供应链整体收益的分配比例 δ(δ 已由双方的实力等因素决定)，并且由 $\delta=\dfrac{c-v}{p-v}$ 和 $b=\dfrac{p(c-v)+s(p-c)}{p-v}$ 可知：

$$\begin{cases} c=(p-v)\delta+v=180\delta+20 \\ b=p\delta+(1-\delta)s=200\delta+(1-\delta)s \end{cases} \qquad (3-14)$$

将式(3-14)代入式(3-11)，得

$$(p-c)(1-\delta)=0 \tag{3-15}$$

式(3-15)显然是不成立的。这说明最优协调无法达到，即验证了命题9的①。

4. 算例分析：信息不对称对回购激励力度的影响

接下来分析期末积压库存产品残余价值 s 信息不对称对制造商的回购激励策略和各方的期望收益的影响。

为简化问题，设非对称信息 s 的概率分布退化为两点分布：$P(s=0)=\theta, P(s=m)=1-\theta$。对此，激励方(制造商)基于回购激励方式提出激励配置集 $\mathcal{S}$ 满足：

表 3-4　制造商的激励配置集

概率 Pr.	非对称信息 s	激励配置集 $\mathcal{S}$	
		批发价 c	回购价 b
θ	0	c_1	b_1
$1-\theta$	m	c_2	b_2

根据式(3-5)中的 IC 条件和式(3-7)可知

$$\begin{cases} E\Pi_R^{(\mathcal{S})}(0\mid m)=\dfrac{M}{2}\dfrac{(p-c_1)^2}{p-b_1-m} \\ E\Pi_R^{(\mathcal{S})}(m\mid m)=\dfrac{M}{2}\dfrac{(p-c_2)^2}{p-b_2-m} \\ E\Pi_R^{(\mathcal{S})}(m\mid 0)=\dfrac{M}{2}\dfrac{(p-c_2)^2}{p-b_2-0} \\ E\Pi_R^{(\mathcal{S})}(0\mid 0)=\dfrac{M}{2}\dfrac{(p-c_1)^2}{p-b_1-0} \end{cases}$$

须满足

$$\begin{cases} E\Pi_R^{(\aleph)}(m \mid m) \geqslant E\Pi_R^{(\aleph)}(0 \mid m) \\ E\Pi_R^{(\aleph)}(0 \mid 0) \geqslant E\Pi_R^{(\aleph)}(m \mid 0) \end{cases} \tag{3-16}$$

此时，零售商将披露其私有信息 s。

又由式(3-5)与式(3-9)可知，制造商的决策问题为

$$\max_{c_1, c_2, b_1, b_2} \left\{ \theta \left[M \frac{p-c_1}{p-b_1-0}(c_1-v) - b_1 \frac{M}{2} \left(\frac{p-c_1}{p-b_1-0} \right)^2 \right] + (1-\theta) \left[M \frac{p-c_2}{p-b_2-m}(c_2-v) - b_2 \frac{M}{2} \left(\frac{p-c_2}{p-b_2-m} \right)^2 \right] \right\} \tag{3-17}$$

给定相关参数值（$v=10$、$p=100$、$M=1\,000$、$m=5$）之后，可以解约束规划问题式(3-17)（表 3-5）。

表 3-5 信息不对称与信息对称情形各方收益的对比

概率 θ	激励参数 (c_1, c_2, b_1, b_2)	零售商订购量 Q	零售商期望收益	制造商期望收益	供应链期望收益
0	$c=88.9$, $b=83.3$	947	1 000	37 368	38 368
0.1	79.7, 57.3, 77.4, 0	900	9 135	31 365	40 500
		450	9 616	21 262	30 878
0.2	82, 59.8, 80, 0	900	8 090	32 410	40 500
		423	8 516	21 076	29 591
0.3	84.5, 62.6, 82.7, 0	900	6 990	33 510	40 500
		394	7 358	20 706	28 064
0.4	87, 65.8, 85.6, 0	900	5 840	34 660	40 500
		360	6 148	20 083	26 231
0.5	89.7, 69.5, 88.5, 0	900	4 654	35 846	40 500
		321	4 899	19 105	24 004
0.6	92.3, 73.7, 91.5, 0	900	3 453	37 047	40 500
		277	3 634	17 626	21 260

续　表

概率 θ	激励参数 (c_1, c_2, b_1, b_2)	零售商订购量 Q	零售商期望收益	制造商期望收益	供应链期望收益
0.7	94.6, 78, 94, 0	897	2 414	38 085	40 500
		231	2 541	15 735	18 276
0.8	94.7, 78.5, 94, 0	877	2 311	38 164	40 575
		226	2 432	15 502	17 934
0.9	94.8, 78.9, 94, 0	862	2 229	38 199	40 428
		222	2 346	15 310	19 656
1	$c=97.8$, $b=97.5$	900	1 000	39 500	49 500

注：① 任意概率对应的两行中上行为 ($s=0$)，下行为 ($s=m=5$)；
② 设零售商保留效用为 1 000。

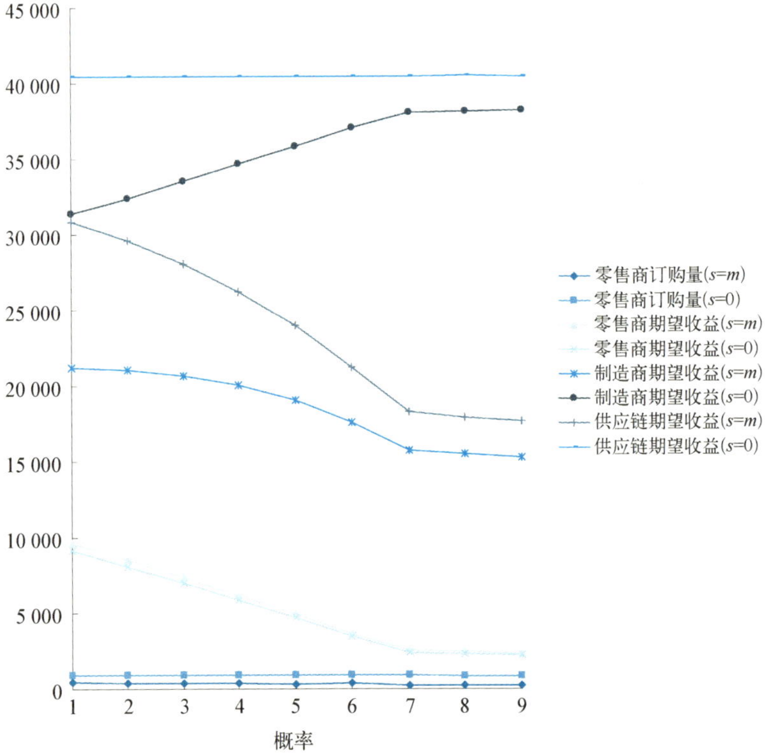

图 3-4　($s=0$)与($s=m$)时的数据对比

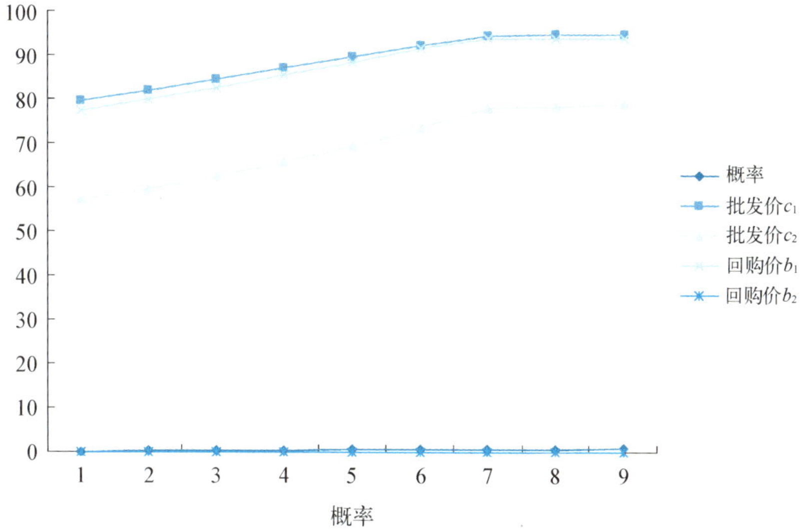

图 3 - 5　(s=0)与(s=m)时的激励变量对比

从图 3 - 4 和图 3 - 5 中，可以看出：

① 随着制造商对零售商的私有信息（积压产品残余价值）s 的取值为 $s=m$ 的信念上升（即 θ 增大），其给予零售商的激励契约菜单中的两对参数 (c_1, b_1) 和 (c_2, b_2) 也在不断上升；

② $(s=0)$ 时，不管制造商对 s 的取值的信念如何变化，零售商订购量始终稳定在 900 左右；而 $(s=m)$ 时，随着制造商误认为其为 $(s=0)$ 型零售商的信念 θ 上升，零售商的订购量不断下降，且所有订购量均远大于 $(s=0)$ 时；

这一现象说明：

对于 $(s=0)$ 型零售商，由于不管制造商信念 θ 如何变化，它均处于有利可图的地位，而对于 $(s=m)$ 型零售商，若它被制造商识别的把握越低，则它越没有动力订购适当的货物批量，也就越不利于供应链收益的最大化，即达到供应链协调。

③ $(s=0)$ 时，随着制造商对 s 的取值为 $s=0$ 的信念上升，其收益

单调下降;但均大于信息对称时。这说明零售商得到了私有信息的信息租金,并且信息租金的数值随制造商误认的信念而上升。

3.3 本章小结

本章主要讨论的是单期合作关系下的短销售周期供应链协调问题。这是目前关于供应链协调问题研究的主要方向,第 2 章节 2.2.3 已经对现有研究的现状和不足之处进行了较详细的文献综述,在本章中主要就其中所揭示的部分不足之处进行进一步研究,主要表现在以下方面:

对于完全信息情形下的短销售周期供应链协调问题,提出并证明了此时供应链 Pareto 最优协调策略(激励契约)设计问题事实上是一个讨价还价问题,具有无穷多个均衡解。之后,在此基础上通过提出库存积压风险规避因子来反映决策者的风险偏好,考察了其对供应链协调的影响,并以回购协调契约为例分析了风险中性的激励方如何改进该回购协调契约以实现供应链最优协调。

对于非对称信息下的供应链协调问题,具体探讨了零售商的私有信息对供应链协调的影响,在较弱的一般性假设条件之下证明了此时供应链最优协调将无法达到。该结论是对当前基于较强假设条件、具体私有信息进行分析的研究的一个发展。之后,以回购契约为例对其进行了模拟检验。

第4章

离散时间重复博弈：长期合作关系下的供应链协调

4.1 短销售周期供应链成员博弈关系的时间特征分析

在第3章中，本书已经针对基于Newsvendor模型的单期博弈下的信息不对称问题进行了一般性讨论。从第1章中的文献综述部分也可以看到，在一次性的交易关系基础上，讨论信息不对称造成的供应链委托代理问题以及相应的供应链协调策略，是目前国内外的研究的基本现状，所异者只是模型的边界条件的差异。然而，这显然是与供应链管理与供应链协调问题的实践存在着相当大的距离的。

换言之，值得注意的是，在当前的研究中还存在着一个重要的不足，即囿于短周期、季节性产品一次订货的基本特点，因此，无论供应链中信息结构是完全的还是非完全、非对称的，现有研究基本上都集中在一次性的供应链伙伴合作关系的前提之下，而事实上，实践中更常见的情况是，固然供应链中某种特定具体产品的交易行为是一次性的，但是供应链成员之间的伙伴合作关系却经常是稳定的、长期存在的。因此，针对这些实际问题,本书将做进一步贴近实践的深入研究。

首先,本书就供应链成员之间的博弈关系和信息不对称关系依时间表现出来的特征作如下分析:

(1) 长期性

如前所述,在供应链的实践当中,虽然产品的短生命周期(短销售周期)化导致了就具体产品的订购博弈而言具有一次性博弈的特点,然而供应链成员企业之间的合作伙伴关系却是长期存在的。同时,由于供应链合作伙伴关系存在退出壁垒(退出成本)、更换供应链合作伙伴也存在相应的成本和风险,因此,供应链合作伙伴之间还具有长期合作的期望。

显然,在这样一种博弈关系下,一次性博弈中的信息不对称问题(委托代理问题)的表现形式及其相应的协调对策将会有很大的改变。供应链上的信息优势方或许可以利用信息优势获得短期的好处,但是在长期的合作过程中,信息劣势方有可能因为发现短期欺骗而中止合作关系,但是,对于信息优势方而言,维持长期的合作关系所带来的收益的贴现值会远远大于短期利益。正由于供应链成员之间的委托代理关系是长期性,激励机制的设计将更为复杂,迫切需要进行深入研究。

(2) 重复性

由于短销售周期产品(季节性产品)的特点,供应链合作伙伴之间的博弈关系的一个很重要的特点就是重复性,即随着季节的更替,供应链上、下游企业之间的 Stackelberg 主从博弈会不断地重复进行。

在这样一种离散的合作时间(销售季节)带来的重复的博弈关系下,由于信息优势方具有长期收益的预期,因此可能能够带来潜在的隐性激励作用。同时也可能带来不利的棘轮效用。

(3) 动态性

在长期合作(期望)的背景下,供应链成员之间的博弈关系还存在着动态性的特点,即供应链的各决策企业决策函数的最优性与时间有密切关联，如供应链上的信息劣势方与信息优势方关于道德风险的博弈、信息优势方的声誉构建与累积等。

一般而言，动态性的概念包含重复性的概念，不过在本书中，“动态性”更强调基于时间的连续性，而“重复性”则强调时间的离散性。

接下来，本书首先对离散合作时间下供应链的重复博弈与协调问题进行分析。

4.2　长期合作关系下的供应链信息甄别模型

在第 3 章的讨论中，给定一个信息非对称时的信息甄别问题，委托人（制造商）决策的前提是以最小的代理成本、最少的信息租金从代理人（零售商）处获得其私人信息。考虑到供应链合作伙伴关系的长期性，有必要分析这种重复博弈的关系对代理人私有信息以及委托人的激励模式的影响。本书首先对零售商具有私有信息的短销售周期供应链长期合作关系的有关属性进行刻画与界定。

（1）就不同的季节（时期）而言，供应链双方交易的产品是不同的；任一期产品的交易关系是一次性的；交易双方的多时期伙伴合作关系是单期关系的重复；

（2）就供应链中制造商向零售商提供的激励而言，由于交易产品的季节性特点，该激励通常不会是一种覆盖多个时期的长期合同，而是体现为一系列短期激励合同的集合；

（3）就零售商私有信息在时间上的关联而言，存在两种情形：① 跨期相关，即该类型私有信息存在着跨期的影响（如风险偏好、库存成本等信息）；② 相互独立，即在所有的时期该信息类型不存在相关性（如产品的需求信息等)；

(4) 就私有信息的事后评估而言，包括事后不可验证与事后可验证，前者指任一期交易后私有信息是否被披露不能被验证，后者则表示有可能。

可以列出重复博弈下私有信息跨期关联与事后评估属性的所有类型，见表 4-1。

表 4-1　私有信息类型

	私有信息的跨期关联属性	
私有信息的事后评估属性	N-N (跨期无关联，事后不可验证)	Y-N (跨期有关联，事后 b 不可验证)
	N-Y (跨期无关联，事后可验证)	Y-Y (跨期有关联，事后可验证)

4.2.1　跨期无关联、事后不可验证的信息甄别问题

就零售商的 N-N 型私有信息而言，由于该类私有信息在各个时期具有相互独立性，若本期非对称信息在未来时期无法验证，则委托人(制造商)唯有采用第 3 章节 3.2.1 中的信息显示机制，以牺牲一定的收益来实现供应链次优协调，因此，此时的长期合作与博弈的关系体现为单期交易的简单重复，本书在此不赘述。

4.2.2　跨期无关联、事后可验证的信息甄别问题

对于零售商的 N-Y 型私有信息 λ 而言，由于在当期披露 λ 这一举动本身不会对零售商的信息优势地位造成影响，因此，零售商需要顾虑的问题是该私有信息的事后可验证概率及其带来的不利影响。

对于制造商而言，注意到了零售商私有信息 λ 的这一属性之后，其激励策略相对于第 3 章节 3.2.1 中的信息披露机制将有所变化。

假设：

① 零售商在当期披露虚假的私有信息的举动仅在下一期以概率 θ 可能被制造商验伪；零售商在各期具有相同的保留效应 $\underline{U}_R$；

② 完全信息下各期供应链整体的期望收益具有相同的最优值 $E\Pi_{SC}^{(c)^*}$；

③ 制造商与零售商具有 n 期合作关系；

④ 根据第 3 章节 3.1.1 中命题 3 关于供应链协调问题讨价还价属性的结论可知，当零售商披露其私有信息时，供应链系统处于完全信息状态，此时，制造商与零售商事实上是关于最优（次最优）的供应链整体期望收益进行讨价还价的分配，分配系数由双方谈判实力决定，设零售商所得的分配系数为 ω。记 $U_R = \omega E\Pi_{SC}^{(c)^*}$。显然，$\omega$ 应满足 $0<\omega<1$、$U_R>\underline{U}_R$；

⑤ 记 Δu 为零售商在谎报其私有信息 λ 的取值时所获得的对应额外收益；

⑥ 制造商改为采用“触发策略”作为对零售商的激励，即若在下一期验证了零售商的谎言，则中止与零售商的合作。

则有命题：

命题 1　若零售商的私有信息跨期无关联、事后可验证，则如果相应的参数满足不等式 $\Delta u \leqslant (n-1)(U_R-\underline{U}_R)\dfrac{\theta}{1-\theta}$，零售商将主动披露该私有信息。

［证明］

在制造商长期的触发策略的基础上，零售商的可供选择的行动及相应期望收益如下：

① 不主动披露私有信息

记 $E\Pi_R^{(0)}(F)$ 为相应的预期收益、$E\Pi_{SC,1}^{(I)}(F)$ 为第一期制造商为披露零售商私有信息进行激励时的供应链整体期望收益，则由第 3 章节

3.2.1 中的命题 9 可知

$$E\Pi_{SC,1}^{(I)}(F) < E\Pi_{SC}^{(c)^*}$$

从而此时零售商在第一期的期望收益为

$$E\Pi_{R,1}^{(I)}(F) < \bar{\omega}E\Pi_{SC}^{(c)^*} = U_R$$

$$\Rightarrow E\Pi_R^{(0)}(F) = (E\Pi_{R,1}^{(I)}(F) + \Delta u + (n-1)U_R)(1-\theta) + (U_R + (n-1)\underline{U}_R)\theta$$
$$< (U_R + \Delta u + (n-1)U_R)(1-\theta) + (U_R + (n-1)\underline{U}_R)\theta \tag{4-1}$$

② 主动披露私有信息

记 $E\Pi_R^{(0)}(T)$ 为相应的预期收益，则

$$E\Pi_R^{(0)}(T) = nU_R \tag{4-2}$$

注意到由式(4-1)和式(4-2)可知

$$E\Pi_R^{(0)}(T) \geqslant E\Pi_R^{(0)}(F)$$

$$\Delta u \leqslant (n-1)(U_R - \underline{U}_R)\frac{\theta}{1-\theta} \tag{4-3}$$

即当式(4-3)成立时，零售商将选择主动披露其私有信息。

命题至此证毕。

特别的，如果式(4-3)不成立，则零售商不会主动的披露其私有信息，此时，制造商唯有采用第 3 章节 3.2.1 中的信息披露机制对零售商进行激励。

4.2.3 事后不可验证：跨期关联信息甄别的棘轮效应

先界定一个概念：

定义 1　完全分离均衡

对于第 3 章节 3.2.1 中的零售商私有信息 λ，若在制造商给出的某激励配置集 $\{\wp=(\lambda, I(\lambda)) \mid \lambda \in \Lambda\}$ 下，有 $I(\lambda_1) \neq I(\lambda_2)(\forall \lambda_1 \neq \lambda_2)$，即不同的代理人在配置集下有不同的选择，则说完全分离均衡存在。

对于长期合作关系下具有跨期关联的非对称信息(零售商私有信息)，由于其具有跨期关联性，信息披露对未来时期的影响将使激励问题比一次性的供应链交易情形更加复杂，特别的，在事后不可验证的情形下，有以下结论：

命题 2(信息甄别的棘轮效应)　供应链长期合作的重复主从博弈情形下，对于事后不可验证的零售商私有信息，在博弈的第一阶段不存在完全分离均衡，即第 3 章节 3.2.1 中命题 1 的非对称信息甄别机制是无效的。

［证明］

已知生产、经营季节性产品的供应链中制造商与零售商具有长期合作关系，双方在各个销售季节的博弈情形与条件是类似的，即双方具有简单重复主从博弈关系。此时，零售商拥有私有的跨期关联信息 λ，制造商具有 λ 的先验分布信息 Λ，Λ 为有限集或连续集。其他条件与前述讨论类似。

以整数 $k(1 \leqslant k \leqslant n)$ 记 n 个合作季节(时期)各自的序号，则类似的，若在时期 1 制造商给出 IC 条件(激励契约 $I(\lambda)$) 以使得零售商披露 λ 的真实值：$E\Pi_{R,1}^{(I)}(\lambda \mid \lambda)=\max\limits_{\hat{\lambda}} E\Pi_{R,1}^{(I)}(\hat{\lambda} \mid \lambda)$ (注：下标中的“1”表示所处时期)，则从第二个时期开始，供应链双方将不存在信息不对称，因此，从节 4.1.2 的讨论可知，在后面时期 k 中，零售商将取得期望收益 $U_{R,k}=\omega E\Pi_{SC,k}^{(c)^*}$。不失一般性，设零售商对于未来时期期望收益的贴现因子 $\delta=1$。从而首期披露私有信息真实值时零售商所能获得的总收益(同样记为 $E\Pi_R(T)$) 为

$$E\Pi_R^{(I)}(T) = (\max_{\hat{\lambda}} E\Pi_{R,1}^{(I)}(\hat{\lambda} \mid \lambda)) + U_{R,2} + U_{R,3} + \cdots + U_{R,n}$$
$$= r + \sum_{k=1}^{n} U_{R,k} \tag{4-4}$$

其中，r 为零售商获得的信息租金。

注意到 Λ 中至少有一个 $\hat{\lambda}_0 \neq \lambda$ 能使得 $E\Pi_{R,k}(\hat{\lambda}_0) > E\Pi_{R,k}(\lambda) = U_{R,k}$，因此，若零售商谎称 $\lambda = \hat{\lambda}_0$，则其能获得的期望收益（记为 $E\Pi_R(F)$）为

$$E\Pi_R(F) = E\Pi_{R,1}^{(I)}(\hat{\lambda}_0 \mid \lambda) + E\Pi_{R,2}(\hat{\lambda}_0) + \cdots + E\Pi_{R,n}(\hat{\lambda}_0) \tag{4-5}$$

其中，$E\Pi_{R,1}^{(I)}(\hat{\lambda}_0 \mid \lambda)$ 是零售商在第一时期制造商给出显示机制之后仍然谎称真实值为 $\hat{\lambda}_0$ 时的期望收益。由于该显示机制使得零售商在说真话时才能够获得最大收益，因此，谎称 $\lambda = \hat{\lambda}_0$ 将导致零售商第一时期的收益下降，即

$$E\Pi_{R,1}^{(I)}(\hat{\lambda}_0 \mid \lambda) < E\Pi_{R,1}^{(I)}(\lambda \mid \lambda)$$

记

$$\Delta u_1 = E\Pi_{R,1}^{(I)}(\lambda' \mid \lambda) - E\Pi_{R,1}^{(I)}(\hat{\lambda}_0 \mid \lambda),\ \Delta u_k = E\Pi_{R,k}(\hat{\lambda}_0) - U_{R,k}$$

则由式(4-4)和式(4-5)，有

$$E\Pi_R(F) - E\Pi_R(T) = \sum_{k=2}^{n} \Delta u_k - \Delta u_1 \tag{4-6}$$

显然 $\lim\limits_{n \to +\infty} \sum\limits_{k=2}^{n} \Delta u_k - \Delta u_1 \gg 0$，因此可以断言，具有足够长时期的合作期望下制造商给出的显示机制将不但不能使得零售商披露其真实值，反而会刺激其说谎的冲动。

至此，命题 2 得证。

命题 2 揭示了长期合作关系中非对称信息甄别问题的棘轮效应。

由于信息隐匿可以给信息拥有者带来信息租金，因此，甄别非对称信息将给委托人带来损失，而要在甄别信息的同时实现供应链利润的最大化则面临更大的困难；更进一步的，考虑到信息披露对代理人未来收益的影响，棘轮效应的影响将使得供应链最优协调成为一个系统性难题。因此，克服棘轮效应的影响具有重大意义。一般地说，可以提出以下思路来消除或缓解信息甄别的棘轮效应。

（1）全局信息显示机制。

即将第 3 章节 3.2.1 中的激励相容条件从第一期拓展至所有时期：$\sum E\Pi_R^{(I)}(\lambda \mid \lambda)=\max\limits_{\hat{\lambda}}\sum E\Pi_R^{(I)}(\hat{\lambda} \mid \lambda)$，但是这将带来的问题是零售商全局收益函数难以确定，同时，代理成本过高，因此存在着实用性的疑虑；

（2）引入多代理人竞争机制。如拍卖机制。

引入类型相关的多个代理人、通过代理人之间的竞争来揭示代理人私有信息，委托人可能攫取几乎全部理论收益。

（3）引入充足统计量(Sufficient Statistic)。

当代理人(零售商)具有私有信息，委托人(制造商)通过寻找事后可观察的、与具有一定相关性的某个随机变量来对代理人进行威慑，有利于信息的披露。

4.2.4　事后可验证：跨期关联信息甄别的重复博弈

与一次性合作关系不同，在供应链双方具有长期合作期望时，由于非对称信息的事后可验证性，因此，披露非对称信息将变得容易，此时，供应链的最优协调将更可能达到。本部分考虑委托人(制造商)不再采用次优的信息显示机制，而是改为采用“触发战略”(Trigger Strategy)来进行激励的供应链协调过程：假定处于主导地位的制造商对零售商采用触发战略来披露其私有信息，即一旦在未来时期发现零售商没有披露其私有信息，则终止双方的合作关系。

另设：

代理人（零售商）在任一时期不披露其私有信息（即说假话）的行为只可能在下一时期被发现，被发现概率为 $\theta(0<\theta<1)$。

为简化问题，本文假设整体博弈是单一博弈的简单重复，且各期私有信息的分布相同。类似于节 4.2.2，对称信息（即真实披露私有信息）下零售商能得到相类似的效用 U_R，任一期的信息租金为 r，任一期不与制造商合作时零售商的保留效应为 $\underline{U}<U_R$，则有以下命题：

命题 3　设制造商与零售商之间具有 $n(n\gg 1)$ 期合作期望，若零售商的信息租金 r 满足 $r\leqslant\dfrac{\theta}{1-\theta}(U_R-\underline{U})$，则零售商将始终披露其私有信息；否则，必存在时期 $m<n$，使得零售商在时期 m 之前将选择披露其私有信息的真实值，之后将选择报告虚假值。

［证明］

采用逆向归纳法考察一个 $n(n\gg 1)$ 期重复主从博弈：

记 $E\Pi_{R,k}(T)$、$E\Pi_{R,k}(F)$ 分别为零售商在第 k 时期披露私有信息与披露虚假信息时本时期 k 及后续时期 $k+1$, …, n 的期望收益之和。则

在合作的最后一期，毫无疑问，零售商将选择说假话，因为

$$E\Pi_{R,n}(T)=U_R<E\Pi_{R,n}(F)=U_R+r。$$

类似的，在时期 $n-1$，有

$$E\Pi_{R,n-1}(T)=U_R+E\Pi_{R,n}(F),$$

$$E\Pi_{R,n-1}(F)=(U_R+r)+((1-\theta)E\Pi_{R,n}(F)+\theta\underline{U}_R)$$

在时期 $n-2$，有

$$E\Pi_{R,n-2}(T)=U_R+\max\{E\Pi_{R,n-1}(F),\ E\Pi_{R,n-1}(T)\},$$

$$E\Pi_{R,n-2}(F)=(U_R+r)+((1-\theta)\max\{E\Pi_{R,n-1}(F),\ E\Pi_{R,n-1}(T)\}+\theta\underline{U}_R)$$

…

在任意时期 $k < n$，有通项公式：

$$E\Pi_{R,\,k}(T) = U_R + \max\{E\Pi_{R,\,k+1}(F),\ E\Pi_{R,\,k+1}(T)\},$$

$$E\Pi_{R,\,k}(F) = (U_R + r) + ((1-\theta)\max\{E\Pi_{R,\,k+1}(F),\ E\Pi_{R,\,k+1}(T)\} + \theta \underline{U}_R)$$

先证明命题 3 的前半部分：

记在时期 $k(k < n)$ 说真话（披露私有信息）与说假话（披露虚假信息）的收益之差为 $\Delta\pi_k$，则由通项公式，有

$$\begin{aligned}\Delta\pi_k &= E\Pi_{R,\,k}(T) - E\Pi_{R,\,k}(F)\\ &= \theta(\max\{E\Pi_{R,\,k+1}(F),\ E\Pi_{R,\,k+1}(T)\} - \underline{U}_R) - r\\ &< \theta(\max\{E\Pi_{R,\,k}(F),\ E\Pi_{R,\,k}(T)\} - \underline{U}_R) - r\\ &= E\Pi_{R,\,k-1}(T) - E\Pi_{R,\,k-1}(F)\\ &= \Delta\pi_{k-1}\end{aligned}$$

即收益差值数列 $\{\Delta\pi_k\}_{k=1}^{n-1}$ 为单调递减数列，从而

$$r \leqslant \frac{\theta}{1-\theta}(U_R - \underline{U}_R)$$

$$\Rightarrow \Delta\pi_{n-1} \geqslant 0$$

$$\Rightarrow \Delta\pi_k \geqslant 0\ (1 \leqslant k \leqslant n)$$

从而在任一时期说真话都是零售商的最优选择，至此，命题前半部分得证。

后半部分是容易证明的：

若零售商在时期 k 选择了说假话，则在后续时期，只要还继续合作，它就将一直说假话。

这是因为，若零售商在时期 k 选择了说假话，即有

$$E\Pi_{R,\,k}(T) < E\Pi_{R,\,k}(F)$$

则

$$U_R + \max\{E\Pi_{R,\ k+1}(F),\ E\Pi_{R,\ k+1}(T)\}$$
$$< (U_R + r) + ((1-\theta)\max\{E\Pi_{R,\ k+1}(F),\ E\Pi_{R,\ k+1}(T)\} + \theta \underline{U}_R)$$

又

$$\max\{E\Pi_{R,\ k+2}(F),\ E\Pi_{R,\ k+2}(T)\} < \max\{E\Pi_{R,\ k+1}(F),\ E\Pi_{R,\ k+1}(T)\}$$

从而

$$\max\{E\Pi_{R,\ k+2}(F),\ E\Pi_{R,\ k+2}(T)\} < \frac{r}{\theta} + \underline{U}_R$$
$$\Rightarrow U_R + \max\{E\Pi_{R,\ k+2}(F),\ E\Pi_{R,\ k+2}(T)\}$$
$$< (U_R + r) + ((1-\theta)\max\{E\Pi_{R,\ k+2}(F),\ E\Pi_{R,\ k+2}(T)\} + \theta \underline{U}_R)$$
$$\Rightarrow E\Pi_{R,\ k+1}(T) < E\Pi_{R,\ k+1}(F)$$

即在时期 $k+1$ 零售商也将选择说假话，由此，其后续时期仍然会继续说假话。

由于 $r > \frac{\theta}{1-\theta}(U_R - \underline{U}_R)$，则至少在时期 $n-1$，零售商将说假话，因此，由逆向归纳可知命题 3 的后半部分亦为真。

至此，命题 3 得证。

命题 3 说明，在具有长期合作期望的简单重复博弈过程中，主导型制造商通过采用触发战略无成本地使得零售商披露其私有信息的真实值、进而实现供应链最优协调是可能的，并取决于事后被识别的概率、信息租金、零售商合作时的单期收益以及不合作时的保留效应之间的平衡关系。

4.3 声誉模型：供应链道德风险的隐性协调

考虑供应链协调中另一种主要的障碍情形：道德风险，即两阶段供应链当中，上游制造商具有非对称信息优势，体现在事后的行动上，即零售商向制造商订购正常质量的产品，制造商在向零售商交付期所订产品时，代替以低生产成本制造出来的低质量产品。

4.3.1　前提与假设条件

同样，首先界定一个重要的概念：

定义 2　声誉： 此处给出的狭义定义，即指供应链合作伙伴如实执行合作协议的可能性。

特别的，在本节中，认为声誉就是制造商按契约提供正常质量的产品的概率。

假设：

① 制造商生产正常质量的该产品的成本为 v_G，生产低质量产品的成本为 v_L；

② 零售商向制造商采购该产品的批发价 c、向消费者销售该产品的零售价 p 均有完全竞争的市场决定，即为外生的常数；

③ 该产品在正常质量情形下具有市场需求的分布函数 $F_G(x)$、密度函数 $f_G(x)$；在低质量情形下具有市场需求分布函数 $F_L(x)$、密度函数 $f_L(x)$；

④ 为简化问题，不失一般性，假设季末积压产品的残余价值 $s=0$；

⑤ 零售商考虑到了制造商以次充好的道德风险问题，另一方面，也考虑了制造商的声誉。零售商关于制造商的声誉具有先验的概率分布：$P(v=v_G)=\theta, P(v=v_L)=1-\theta$，其中，随机事件 $(v=v_G)$ 表示制造商按契约提供正常质量的产品，随机事件 $(v=v_L)$ 表示制造商违背了契约、提供了低质量的产品；

⑥ 记 Q / $Q^{(\cdot)}$ 为零售商的采购批量，上标 G、L 分别对应质量正常和质量低劣情形；上标 $*$ 表示最优值；

⑦ $E\Pi_{\cdot}^{(\cdot)}$ 表示期望收益，下标 R、M、SC 分别对应零售商、制造商、供应链；上标 G、L 分别对应质量正常和质量低劣情形；上标 * 表示最优值。

首先证明一个引理：

引理 正常质量产品的市场需求分布函数 $F_G(x)$ 与低质量产品的市场需求分布函数 $F_L(x)$ 满足 $F_G(x) \leqslant F_L(x)$，$\forall x \in (0, +\infty)$，即 $F_L(x)$ 对 $F_G(x)$ 一阶随机占优。

［证明］

记随机市场需求为 D。显然，对于零售商采购好的产品批量 Q，如果产品的质量正常，那么，显然，这批产品会比质量低劣的情形更容易卖出去，即

$$P_G(D > x) \geqslant P_L(D > x)$$

其中，下标 G、L 分别表示质量正常与质量低劣两种情形。

由上式可得

$$1 - F_G(x) \geqslant 1 - F_L(x) \Rightarrow F_G(x) \leqslant F_L(x)$$

证毕。

4.3.2 单期博弈关系下的道德风险

首先考虑制造商与零售商之间一次性的交易关系：

(1) 正常质量情形下零售商的订购策略

类似于第三章节 3.1.1 的分析过程可知

零售商的最优订购批量为

$$Q^{(G)^*} = F_G^{-1}\left(\frac{p-c}{p}\right)$$

相应期望收益为

$$E\Pi_R^{(G)^*} = \left(Q(p-c) - p\left(QF(Q) - \int_0^Q x f_G(x)\mathrm{d}x\right)\right)\bigg|_{Q=Q^{(G)^*}}$$

相应的，正常质量情形下制造商的收益为

$$E\Pi_M^{(G)} = \Pi_M^{(G)} = Q^{(G)^*}(c - v_G)$$

(2) 低质量情形下零售商的订购策略

类似的有

零售商的最优订购批量为

$$Q^{(L)^*} = F_L^{-1}\left(\frac{p-c}{p}\right)$$

相应期望收益为

$$E\Pi_R^{(L)^*} = \left(Q(p-c) - p\left(QF(Q) - \int_0^Q x f_L(x)\mathrm{d}x\right)\right)\bigg|_{Q=Q^{(L)^*}}$$

相应的，低质量情形下制造商的收益为

$$E\Pi_M^{(L)} = \Pi_M^{(L)} = Q^{(L)^*}(c - v_L)$$

(3) 零售商的决策

根据制造商声誉的先验概率分布，可知零售商的决策函数为

$$\max_{Q>0} E\Pi_R(Q)$$

其中，　$E\Pi_R(Q) = \theta E\Pi_R^{(G)} + (1-\theta)E\Pi_R^{(L)}$

注意到

$$\frac{\mathrm{d}(E\Pi_R(Q))}{\mathrm{d}Q} = (p-c) - p(\theta F_G(Q) + (1-\theta)F_L(Q)) \quad (4-7)$$

$$\frac{\mathrm{d}^2(E\Pi_R(Q))}{\mathrm{d}Q^2} = -p(\theta f_G(Q) + (1-\theta)f_L(Q)) \quad (4-8)$$

由式(4-8)可知

$$\frac{\mathrm{d}^2(E\Pi_R(Q))}{\mathrm{d}Q^2} < 0$$

即零售商的决策函数 $\max\limits_{Q>0} E\Pi_R(Q)$ 具有唯一的最大值点，记为 Q^*，即

$$Q^* = \arg_{Q>0}((p-c) - p(\theta F_G(Q) + (1-\theta)F_L(Q)) = 0) \quad (4-9)$$

有命题：

命题4　零售商的最优订购批量 Q^* 满足 $Q^{(L)^*} \leqslant Q^* \leqslant Q^{(G)^*}$。

[证明]

由式(4-8)可知，零售商的期望收益函数在最大值点 Q^* 左侧的区间上单调递增、在 Q^* 右侧区间上单调递减，即

$$(p-c) - p(\theta F_G(Q^*) + (1-\theta)F_L(Q^*)) = 0 \quad (4-10)$$

$$(p-c) - p(\theta F_G(Q) + (1-\theta)F_L(Q)) > 0,\ \forall Q \in (0, Q^*) \quad (4-11)$$

$$(p-c) - p(\theta F_G(Q) + (1-\theta)F_L(Q)) < 0,\ \forall Q \in (Q^*, +\infty) \quad (4-12)$$

又，由引理可知：

$$\begin{aligned}
&(p-c) - p(\theta F_G(Q^{(G)^*}) + (1-\theta)F_L(Q^{(G)^*})) \\
\leqslant\ &(p-c) - p(\theta F_G(Q^{(G)^*}) + (1-\theta)F_G(Q^{(G)^*})) \\
=\ &(p-c) - pF_G(Q^{(G)^*}) \\
=\ &0
\end{aligned}$$

从而，由式(4-12)可知

$$Q^{(G)^*} \in (Q^*, +\infty),$$

即

$$Q^{(G)^*} \geqslant Q^*$$

同理可证 $Q_L^* \leqslant Q^*$

至此命题 4 证毕。

命题 5　零售商对制造商的先验声誉评价越高，其采购批量越大。

［**证明**］

命题 5 事实上等价于：零售商的最优订购批量是先验声誉的增函数。

由命题 4 的推导可知，式(4-10)确定了零售商的最优订购批量 Q^* 与先验声誉 θ 之间的函数关系。

根据隐函数求导法则，对方程(4-10)两边关于变量 θ 求导，可得

$$0 = \frac{\mathrm{d}((p-c)-p(\theta F_G(Q^*)+(1-\theta)F_L(Q^*)))}{\mathrm{d}\theta}$$

$$= -p\left(F_G(Q^*)+\theta f_G(Q^*)\frac{\mathrm{d}Q^*}{\mathrm{d}\theta}-F_L(Q^*)+(1-\theta)f_L(Q^*)\frac{\mathrm{d}Q^*}{\mathrm{d}\theta}\right)$$

$$\Rightarrow \frac{\mathrm{d}Q^*}{\mathrm{d}\theta} = \frac{F_L(Q^*)-F_G(Q^*)}{\theta f_G(Q^*)+(1-\theta)f_L(Q^*)} > 0 \tag{4-13}$$

即零售商的最优订购批量 Q^* 是先验声誉 θ 的增函数。

从而命题 5 得证。

命题 5 说明，零售商对制造商越不信任，其向制造商订购的产品数量将越低，这意味着制造商的收益将越差；反之亦然。

(4) 制造商的道德风险

注意到，制造商的决策问题为

$$\max_{v\in\{v_G,\ v_L\}} E\Pi_M = \Pi_M = Q^*(c-v)$$

因此，在一次性的交易关系之下，制造商无须顾虑声誉而必然选择向制造商提供低质量产品以获得低制造成本 v_L。

此时，零售商收益为

$$\begin{aligned} E\Pi_R(Q^*) &= E\Pi_R^{(L)}(Q^*) \\ &= Q^*(p-c) - p\left(Q^* F_L(Q^*) - \int_0^{Q^*} x f_L(x)\mathrm{d}x\right) \end{aligned}$$

由 $Q^* \neq Q^{(L)^*}$，可知

$$E\Pi_R^{(L)}(Q^*) < E\Pi_R^L(Q^{(L)^*})$$

这意味着制造商的道德风险将给零售商带来损失。

4.3.3 重复博弈下的声誉模型

在供应链双方具有长期合作关系时，对长期利益的期望将可能促使制造商珍惜自己的声誉，进而避免道德风险。

(1) 补充的符号说明

- θ_k：零售商在第 $k(1 \leqslant k \leqslant n)$ 期修正后的制造商声誉；
- $\Pi_{R,k}^{(\cdot)}$ 表示制造商在第 k 期的收益，上标 (G)、(L) 分别表示制造商提供正常质量产品和低质量产品；
- $Q_k^{(G)^*}/Q_k^{(L)^*}$ 表示零售商在第 $k-1$ 期判断制造商向其提供正常质量/低质量产品的条件下在第 k 期发出的订货量；
- $(D=D_G)$ 表示市场需求量 D 被零售商观测到为符合正常预期；$(D=D_L)$ 表示市场需求量 D 被零售商观测到为低于预期；
- $(v_k=v_G)$、$(v_k=v_L)$ 分别表示制造商在第 k 期提供正常质量产品、低质量产品。

(2) 补充的假设条件

- 供应链双方具有 $n(n \gg 1)$ 期合作(期望)；
- 由于市场需求混同的存在，制造商提供正常质量产品时，由于市场波动的影响，对该正常质量产品的市场需求有可能比较低，从而导致零售商误认为制造商提供的是低质量产品。类似的，零

售商也有可能根据市场需求的现实情况，在制造商提供低质量产品时误认为其提供的是正常质量产品。记制造商提供正常质量产品时被零售商判断为正常质量产品（即导致了正常的市场需求事实）的概率为 $P(D=D_G \mid v=v_G)=\alpha$，提供低质量产品时被零售商判断为低质量产品（即导致了低的市场需求事实）的概率为 $P(D=D_L \mid v=v_L)=\beta$。

显然，常数 α、β 应满足 $1-\alpha<\beta$，即制造商提供正常质量产品时，被零售商判断为正常质量产品的可能性应大于被误认为低质量产品的可能性；制造商提供低质量产品时，被零售商判断为提供了低质量产品的可能性应大于被误认为是该质量产品的可能性；并且

$$\frac{1}{2}<\alpha\leqslant 1、\frac{1}{2}<\beta\leqslant 1$$

基于以上条件，本书建立了制造商的声誉模型并提出以下命题：

命题 6(制造商的声誉模型)

制造商具有声誉模型：

$$\theta_{k+1}=\begin{cases}\theta_{k+1}^{(G)}=\dfrac{\alpha^2\theta_k}{\alpha\theta_k+(1-\beta)(1-\theta_k)}+\dfrac{(1-\alpha)^2\theta_k}{(1-\alpha)\theta_k+\beta(1-\theta_k)},\ if\quad v_{k+1}=v_G\\ \theta_{k+1}^{(L)}=\dfrac{\alpha(1-\beta)\theta_k}{\alpha\theta_k+(1-\beta)(1-\theta_k)}+\dfrac{(1-\alpha)\beta\theta_k}{(1-\alpha)\theta_k+\beta(1-\theta_k)},\ if\quad v_{k+1}=v_L\end{cases}$$

即制造商的声誉与其道德有同向变化关系，即如果制造商如果提供正常质量的产品，零售商对其声誉的评价将会升高；反之亦然。

（声誉模型中参数的含义见证明过程。）

［证明］

在供应链双方合作的任一期（如第 k 期），零售商对制造商的先验声誉评价为 θ_k。在第 k 期结束时，零售商将根据观测到的事实需求，调整

其对制造商的先验声誉评价的判断：

(1) 如果零售商观测到了市场需求正常

此时，更新的(后验的)制造商声誉 $\theta_{k+1} \mid (D=D_G)$ 可根据条件概率和全概率公式求出：

$$\theta_{k+1} \mid (D=D_G) = P(v=v_G \mid D=D_G)$$

$$= \frac{P(v=v_G,\ D=D_G)}{P(D=D_G)}$$

$$= \frac{P(D=D_G,\ v=v_G)}{P(v=v_G)} \frac{P(v=v_G)}{P(D=D_G)}$$

$$= P(D=D_G \mid v=v_G) \frac{P(v=v_G)}{P(D=D_G \mid v=v_G)P(v=v_G)+P(D=D_G \mid v=v_L)P(v=v_L)}$$

$$= \frac{\alpha\theta_k}{\alpha\theta_k+(1-\beta)(1-\theta_k)} \tag{4-14}$$

注意到 $1-\alpha<\beta$(或者等价地，$1-\beta<\alpha$)，则由式(4-14)可得

$$\theta_{k+1} \mid (D=D_G) = \frac{\alpha\theta_k}{\alpha\theta_k+(1-\beta)(1-\theta_k)}$$

$$= \theta_k \frac{1}{\theta_k+\frac{1-\beta}{\alpha}(1-\theta_k)}$$

$$> \theta_k \frac{1}{\theta_k+\frac{\alpha}{\alpha}(1-\theta_k)}$$

$$= \theta_k$$

即当零售商观测到市场需求正常的事实时，其将向上调整对制造商的声誉的评价，换言之，制造商获得了更高的声誉。

(2) 如果零售商观测到了市场需求低

类似于(1)，可得

更新的(后验的)制造商声誉：

$$
\begin{aligned}
&\theta_{k+1} \mid (D=D_L) = P(v=v_G \mid D=D_L) \\
&= \frac{P(v=v_G, D=D_L)}{P(D=D_L)} \\
&= \frac{P(D=D_L, v=v_G)}{P(v=v_G)} \frac{P(v=v_G)}{P(D=D_L)} \\
&= P(D=D_L \mid v=v_G) \frac{P(v=v_G)}{P(D=D_L \mid v=v_G)P(v=v_G)+P(D=D_L \mid v=v_L)P(v=v_L)} \\
&= \frac{(1-\alpha)\theta_k}{(1-\alpha)\theta_k+\beta(1-\theta_k)}
\end{aligned} \tag{4-15}
$$

同样由式(4-15)，可得

$$
\begin{aligned}
\theta_{k+1} \mid (D=D_L) &= \frac{(1-\alpha)\theta_k}{(1-\alpha)\theta_k+\beta(1-\theta_k)} \\
&= \theta_k \frac{1}{\theta_k+\frac{\beta}{1-\alpha}(1-\theta_k)} \\
&< \theta_k \frac{1}{\theta_k+\frac{1-\beta}{1-\beta}(1-\theta_k)} \\
&= \theta_k
\end{aligned}
$$

即当零售商观测到市场需求低的事实时，其将向下调整对制造商的声誉的评价，换言之，制造商获得了更低的声誉。

由(1)、(2)可知：

① 若制造商在第 k 期提供了正常质量的产品(即事件 $(v_{k+1}=v_G)$ 发生)，则零售商在第 $k+1$ 期对其声誉的评价、亦即零售商认为制造商提供了正常质量的产品(即事件 $(v_{k+1}=v_G \mid v_{k+1}=v_G)$) 的概率为

$$\theta_{k+1} \overset{def.}{=} \theta_{k+1}^{(G)} = P(v_{k+1} = v_G \mid v_{k+1} = v_G)$$

$$= P(v_{k+1} = v_G \mid D = D_G)P(D = D_G \mid v_{k+1} = v_G)$$

$$+ P(v_{k+1} = v_G \mid D = D_L)P(D = D_L \mid v_{k+1} = v_G)$$

$$= (\theta_{k+1} \mid (D = D_G))\alpha + (\theta_{k+1} \mid (D = D_L))(1-\alpha)$$

$$= \frac{\alpha^2 \theta_k}{\alpha\theta_k + (1-\beta)(1-\theta_k)} + \frac{(1-\alpha)^2\theta_k}{(1-\alpha)\theta_k + \beta(1-\theta_k)} \tag{4-16}$$

记函数 $y \overset{def.}{=} \theta_G(x) = \dfrac{\alpha^2 x}{\alpha x + (1-\beta)(1-x)} + \dfrac{(1-\alpha)^2 x}{(1-\alpha)x + \beta(1-x)}$，显然，$\theta_G(x) \in C^2[0, 1]$，且计算可得其一阶导数：

$$\theta_G'(x) = \frac{\alpha^2(1-\beta)}{((\alpha+\beta-1)x + (1-\beta))^2} + \frac{(1-\alpha)^2\beta}{((\alpha+\beta-1)x - \beta)^2} \tag{4-17}$$

二阶导数：

$$\theta_G''(x) = -2(\alpha+\beta-1)\left(\frac{\alpha^2(1-\beta)}{((\alpha+\beta-1)x+(1-\beta))^3} + \frac{(1-\alpha)^2\beta}{((\alpha+\beta-1)x-\beta)^3}\right) \tag{4-18}$$

特别地，由式(4-17)和式(4-18)，可知

$$\theta_G'(1) = 1, \theta_G''(1) = \frac{2(\alpha+\beta-1)^2}{\alpha(1-\alpha)} > 0$$

将函数 $y = \theta_G(x)$ 在 $x = 1$ 处进行 Taylor 级数展开：

$$y = \theta_G(x) = \theta_G(1) + \theta_G'(1)(x-1) + \frac{1}{2!}\theta_G''(1)(x-1)^2 + O(x-1)^3 \tag{4-19}$$

由 $\theta_G(1)=1$、$\theta''_G(1)>0$ 知

$$y=\theta_G(x)>\theta_G(1)+\theta'_G(1)(x-1)=x \tag{4-20}$$

从而由式(4-16)和式(4-20)可知

$$\theta_{k+1}=\theta_{k+1}^{(G)}=\theta_G(\theta_k^{(G)})>\theta_k^{(G)},\ \forall k\in\mathbb{N} \tag{4-21}$$

因此，制造商在第 k 期向零售商提供正常质量产品，并在第 $k+1$ 期被零售商判断为其提供了正常质量产品的概率将上升，换言之，零售商对制造商声誉的评价将提高。

② 若制造商在第 k 期提供了低质量的产品(即事件 $(v_{k+1}=v_L)$ 发生)，则零售商在第 $k+1$ 期对其声誉的评价、亦即零售商判断制造商提供了正常质量的产品(即事件 $(v_{k+1}=v_G\mid v_{k+1}=v_L)$) 的概率为

$$\begin{aligned}\theta_{k+1}&\overset{def.}{=}\theta_{k+1}^{(L)}=P(v_{k+1}=v_G\mid v_{k+1}=v_L)\\&=P(v_{k+1}=v_G\mid D=D_G)P(D=D_G\mid v_{k+1}=v_L)\\&\quad+P(v_{k+1}=v_G\mid D=D_L)P(D=D_L\mid v_{k+1}=v_L)\\&=(\theta_{k+1}\mid(D=D_G))(1-\beta)+(\theta_{k+1}\mid(D=D_L))\beta\\&=\frac{\alpha(1-\beta)\theta_k}{\alpha\theta_k+(1-\beta)(1-\theta_k)}+\frac{(1-\alpha)\beta\theta_k}{(1-\alpha)\theta_k+\beta(1-\theta_k)}\end{aligned} \tag{4-22}$$

同样，类似地，记函数

$$y\overset{def.}{=}\theta_L(x)=\frac{\alpha(1-\beta)x}{\alpha x+(1-\beta)(1-x)}+\frac{(1-\alpha)\beta x}{(1-\alpha)x+\beta(1-x)}$$

则 $\theta_L(x)\in C^2[0,1]$，且其一阶导数为

$$\theta'_L(x)=\frac{\alpha(1-\beta)^2}{((\alpha+\beta-1)x-(1-\beta))^2}+\frac{(1-\alpha)\beta^2}{((\alpha+\beta-1)x-\beta)^2} \tag{4-23}$$

二阶导数为

$$\theta''_L(x) = -2(\alpha+\beta-1)\left[\frac{\alpha(1-\beta)^2}{((\alpha+\beta-1)x+(1-\beta))^3}+\frac{(1-\alpha)\beta^2}{((\alpha+\beta-1)x-\beta)^3}\right]$$

$$\Rightarrow \theta'_L(0)=1,\theta''_L(0)=-2\frac{(\alpha+\beta-1)^2}{\beta(1-\beta)}<0 \tag{4-24}$$

将函数 $y=\theta_L(x)$ 在 $x=0$ 处展成 Maclaurin 级数：

$$y=\theta_L(x)=\theta_L(0)+\theta'_L(0)(x-0)+\frac{1}{2!}\theta''_L(0)(x-0)^2+O(x-0)^3$$

由 $\theta_L(0)=0$、$\theta''_L(0)<0$ 知

$$y=\theta_L(x)<\theta_L(0)+\theta'_G(0)(x-0)=x \tag{4-25}$$

从而由式(4-22)和式(4-25)可知

$$\theta_{k+1}=\theta_{k+1}^{(L)}=\theta_L(\theta_k^{(L)})>\theta_k^{(L)},\ \forall k\in\mathbb{N}$$

因此，制造商在第 k 期向零售商提供低质量产品将导致零售商在第 $k+1$ 期将其声誉修正为一个更小的值，即制造商因为道德风险而导致声誉降低。

至此，本书在构建制造商的声誉模型

$$\theta_{k+1}=\begin{cases}\theta_{k+1}^{(G)}=\dfrac{\alpha^2\theta_k}{\alpha\theta_k+(1-\beta)(1-\theta_k)}+\dfrac{(1-\alpha)^2\theta_k}{(1-\alpha)\theta_k+\beta(1-\theta_k)}, & if \quad v_{k+1}=v_G\\ \theta_{k+1}^{(L)}=\dfrac{\alpha(1-\beta)\theta_k}{\alpha\theta_k+(1-\beta)(1-\theta_k)}+\dfrac{(1-\alpha)\beta\theta_k}{(1-\alpha)\theta_k+\beta(1-\theta_k)}, & if \quad v_{k+1}=v_L\end{cases} \tag{4-26}$$

的基础上证明了命题 6。

由声誉模型式(4-26)与命题 6，还可以给出以下命题：

命题 7(声誉模型的隐性协调作用)

给定不存在道德风险的对称信息情形下制造商的收益满足

$Q^{(G)^*}(c-v_G)>Q^{(L)^*}(c-v_L)$，则当供应链合作双方具有足够长期的合作关系时，制造商的道德风险将得到缓解。

［证明］

设在合作中的任一时期 k，零售商在期除对制造商声誉的评价为 θ_k，则由式(4－9)知，此时零售商的采购批量 Q_k^* 满足

$$Q_k^* = \arg_{Q>0}((p-c)-p(\theta_k F_G(Q)+(1-\theta_k)F_L(Q))=0)$$

记上式确定的函数为

$$Q_k^* \overset{def.}{=} Q(\theta_k)$$

由命题 4，有

$$Q^{L(*)} \leqslant Q_k^* \leqslant Q^{(G)^*}。$$

此时，在时期 k，制造商有两种选择：按协议提供正常质量的产品(无道德风险)、利用道德风险提供低质量产品，相应的收益及后续效应如下：

(1) 制造商提供正常质量产品

收益为

$$\Pi_{R,k}^{(G)} = Q_k^*(c-v_G)$$

另外，由于制造商在时期 k 提供了正常质量产品，从而，按命题 6，在时期 $k+1$ 之初零售商将提高对其声誉的评价，即

$$\theta_{k+1}^{(G)} > \theta_k$$

且这意味着零售商在时期 $k+1$ 将提高其订货量：

$$Q_{k+1}^* = Q(\theta_{k+1}^{(G)}) > Q_k^*$$

(2) 制造商提供低质量产品

此时相应的收益为

$$\Pi_{R,k}^{(L)} = Q_k^*(c-v_L)$$

由于制造商在时期 k 提供了低质量产品，按命题 6 在时期 $k+1$ 之初零售商将降低对其声誉的评价，即 $\theta_{k+1}^{(L)}<\theta_k$。这意味着零售商在时期 $k+1$ 将缩减其订货量：

$$Q_{k+1}^* = Q(\theta_{k+1}^{(L)}) < Q_k^*$$

由制造商的声誉模型可知：

① 对于制造商始终不表现道德风险的情形：

$$\begin{aligned}\theta_{k+1} &= \theta_{k+1}^{(G)} = \theta_G(\theta_k^{(G)})\\ &= \frac{\alpha^2\theta_k}{\alpha\theta_k+(1-\beta)(1-\theta_k)} + \frac{(1-\alpha)^2\theta_k}{(1-\alpha)\theta_k+\beta(1-\theta_k)}\\ &\geqslant \theta_k\ ,\ \forall k\in\mathbb{N}\end{aligned}$$

即数列 $\{\theta_k^{(G)}\}_{k=1}^{+\infty}$ 为单调递增数列，又由于所有声誉均在区间 $[0,1]$ 取值，因此，根据单调有界原理可知，该数列必有极限，且其极限即为函数 $y=\theta_G(x)$ 的不动点。解方程

$$x=\theta_G(x)=\frac{\alpha^2 x}{\alpha x+(1-\beta)(1-x)}+\frac{(1-\alpha)^2 x}{(1-\alpha)x+\beta(1-x)}$$

可求得该不动点为：$x=1$。即数列 $\{\theta_k^{(G)}\}_{k=1}^{+\infty}$ 的极限为

$$\lim_{k\to+\infty}\theta_k^{(G)}=1 \tag{4-27}$$

这说明，在足够长的合作时期中，如果制造商能够始终按契约行事，则零售商将逐渐把制造商的声誉修正为 1。

② 对于制造商始终完全利用道德风险的情形：

同①的分析，在制造商始终背离契约、提供低质量产品的情形下，零售商对其声誉的修正的评价 $\{\theta_k^{(L)}\}_{k=1}^{+\infty}$ 是单调递减数列，极限为

$$\lim_{k\to+\infty}\theta_k^{(L)}=0 \tag{4-28}$$

则由式(4－27)、式(4－28)可知

对于任意小的常数 $\varepsilon > 0$，必存在一个正整数 N，使得当 $k \geqslant N$ 时，成立

$$\begin{cases} \theta_k^{(G)} \geqslant 1-\varepsilon \\ \theta_k^{(L)} \leqslant \varepsilon \end{cases}$$

换言之，零售商相应的批量满足

$$\begin{cases} Q_k^{(G)^*} = Q(\theta_k^{(G)}) = Q^{(G)^*} - O(\varepsilon) \\ Q_k^{(L)^*} = Q(\theta_k^{(L)}) = Q^{(L)^*} + O(\varepsilon) \end{cases}$$

相应的收益为

$$\begin{cases} \Pi_{R,\,k}^{(G)} = Q_k^{(G)^*}(c-v_G) = Q^{(G)^*}(c-v_G) - O(\varepsilon)(c-v_G) \\ \Pi_{R,\,k}^{(L)} = Q_k^{(L)^*}(c-v_L) = Q^{(L)^*}(c-v_L) + O(\varepsilon)(c-v_L) \end{cases}$$

$$\Rightarrow \Pi_{R,\,k}^{(G)} - \Pi_{R,\,k}^{(L)} = Q^{(G)^*}(c-v_G) - Q^{(L)^*}(c-v_L) + O(\varepsilon)$$

注意到 $Q^{(G)^*}(c-v_G) > Q^{(L)^*}(c-v_L)$，取 ε 足够小，有

$$\Pi_{R,\,k}^{(G)} - \Pi_{R,\,k}^{(L)} > 0$$

这意味着，当合作时期足够长 $(n \to +\infty)$ 时，必有

$$\sum_{k=1}^{N} (\Pi_{R,\,k}^{(L)} - \Pi_{R,\,k}^{(G)}) < \sum_{k=N+1}^{n} (\Pi_{R,\,k}^{(G)} - \Pi_{R,\,k}^{(L)})$$

即制造商完全遵照协议行事的总收益大于背离协议的总收益，这意味着制造商将不会始终背离协议，从而道德风险得到了部分缓解。

至此，命题 7 得证。

关于命题 7 的说明：

① 需要指出的是，如果供应链双方有确定合作时期数，则在最后一

期制造商必定背离协议；

这是容易理解的，因此，此时制造商已经没有必要维护声誉。

② 命题 7 的条件 $Q^{(G)^*}(c-v_G) > Q^{(L)^*}(c-v_L)$ 直观上来看是容易满足的，其假设也是自然的：一般而言，供应链向市场提供高质量的产品时，各方的收益自然比低质量产品要来得高。

这就意味着，在零售商没有提供任何激励(或负激励)的情形下，由于制造商对声誉的维护，其道德风险得到了一定程度上的自动控制，这很好地体现了制造商声誉模型的隐性激励作用。

4.3.4 重复博弈下的供应链道德风险协调策略

命题 7 表明，由于声誉的隐性激励作用，在长期合作模式下，制造商的道德风险能够得到部分的缓解，而仅依靠声誉的话，缓解的程度将与诸多外生因素(如参数 v_G、v_L、α、β、$F_G(x)$、$F_L(x)$ 等等)有关，因而不能保证尽如人意。

作为改进，考虑零售商向制造商提出的如下激励策略：

零售商修正的触发策略： 如果零售商在第 k 时期发现市场需求偏低，则终止与制造商的合作；否则，将下一时期的制造商声誉修正为 θ_{k+1}^G 并继续合作。

补充假设：

① 制造商在任一期不与零售商进行合作时具有相同的保留效用，记为 $\underline{U}_M$；

② 记 $ET\Pi_{M,k}(\cdot)/T\Pi_{M,k}(\cdot)$ 分别表示制造商在时期 k 之后(含)全部时期的全部期望收益/全部收益之和(即后向收益)，标记 (G) 和 (L) 则分别对应制造商提供正常质量产品(无道德风险)情形和提供低质量产品情形。

命题 8 若制造商与零售商之间具有长期合作关系(合作时期数 $n \gg$

1)，其对称信息下零售商的采购批量 $Q^{(G)^*}$ 满足 $Q^{(G)^*}\left(c-v_L-\dfrac{v_G-v_L}{\alpha+\beta-1}\right)>\underline{U}_M$，则零售商修正的触发战略将完全消除制造商的道德风险。

［证明］

采用逆向归纳分析法：

首先要强调的是，只要制造商能够与零售商继续合作，就意味着零售商对其声誉在不断修正、提高，而由于零售商仅在市场需求被其观察为正常时才进行修正，因此此时声誉的修正模型为式(4－14)。

(1) 在第 n 期：

如前所述，在最后一期制造商的道德风险无可避免：

制造商无道德风险时的收益为

$$T\Pi_{M,\,n}(G)=Q(\theta_n^{(G)})(c-v_G)$$

利用道德风险时的收益为

$$T\Pi_{M,\,n}(L)=Q(\theta_n^{(G)})(c-v_L)$$

从而制造商在最后一期将提供低质量产品并获得最大收益：

$$ET\Pi_{M,\,k}=T\Pi_{M,\,n}(L)=Q(\theta_n^{(G)})(c-v_L)$$

(2) 在第 $n-1$ 期：

此时零售商对制造商的声誉评价为 $\theta_{n-1}^{(G)}$。

1) 如果制造商提供正常质量产品(情形 $v=v_G$)

① 被零售商根据市场表现判断为产品质量正常

这一事件的可能性为 α。

此时，制造商将可以继续与零售商合作，并在下一期(第 n 期)被零售商根据式(4－14)修正为具有更高的声誉：

$$\theta_n^{(G)}=\frac{\alpha\theta_{n-1}^{(G)}}{\alpha\theta_{n-1}^{(G)}+(1-\beta)(1-\theta_{n-1}^{(G)})}。$$

同时，制造商具有相应后向期望收益：

$$T\Pi_{M,\,n-1}(v=v_G \mid v=v_G)=Q(\theta_{n-1}^{(G)})(c-v_G)+ET\Pi_{M,\,n}(L)$$

② 被零售商根据市场表现误判断为产品质量低

这一事件的可能性为 $1-\alpha$。

此后零售商将不再与制造商合作，在后续时期制造商仅获得保留效用 $\underline{U}_M$，且其相应的后向期望收益为

$$T\Pi_{M,\,n-1}(v=v_L \mid v=v_G)=Q(\theta_{n-1}^{(G)})(c-v_G)+\underline{U}_M$$

根据①②可知，在时期 $n-1$，制造商提供正常质量产品时的后向期望收益为

$$\begin{aligned}ET\Pi_{M,\,n-1}(G)&=ET\Pi_{M,\,n-1}(v=v_G)\\&=\alpha T\Pi_{M,\,n-1}(v=v_G \mid v=v_G)+(1-\alpha)T\Pi_{M,\,n-1}(v=v_L \mid v=v_G)\\&=\alpha(Q(\theta_{n-1}^{(G)})(c-v_G)+ET\Pi_{M,\,n}(L))+(1-\alpha)(Q(\theta_{n-1}^{(G)})(c-v_G)+\underline{U}_M)\\&=Q(\theta_{n-1}^{(G)})(c-v_G)+\alpha ET\Pi_{M,\,n}(L)+(1-\alpha)\underline{U}_M\end{aligned}$$

2) 如果制造商提供低质量产品(情形 $v=v_L$)

此时零售商被零售商根据市场表现误判为提供了正常质量产品的概率为 $1-\beta$，被判断为提供了低质量产品的概率为 β。

类似于 1)可得：

在时期 $n-1$ 制造商提供低质量产品时的后向期望收益为

$$\begin{aligned}ET\Pi_{M,\,n-1}(L)&=ET\Pi_{M,\,n-1}(v=v_L)\\&=\beta T\Pi_{M,\,n-1}(v=v_L \mid v=v_L)+(1-\beta)T\Pi_{M,\,n-1}(v=v_G \mid v=v_L)\\&=(1-\beta)(Q(\theta_{n-1}^{(G)})(c-v_L)+ET\Pi_{M,\,n}(L))+\beta(Q(\theta_{n-1}^{(G)})(c-v_L)+\underline{U}_M)\\&=Q(\theta_{n-1}^{(G)})(c-v_L)+(1-\beta)ET\Pi_{M,\,n}(L)+\beta\underline{U}_M\end{aligned}$$

(3) 在第 k 期(通项)($k < n$)：

此时零售商对制造商的声誉评价为 $\theta_{n-1}^{(k)}$。

类似于(2)的推导可得：

制造商在时期 k 向零售商提供正常质量产品时的后向期望收益为

$$T\Pi_{M,k}(G) = Q(\theta_k^{(G)})(c - v_G) + \alpha\max\{ET\Pi_{M,k+1}(G), ET\Pi_{M,k+1}(L)\} + (1-\alpha)\underline{U}_M \tag{4-29}$$

制造商提供低质量产品时的后向期望收益为

$$T\Pi_{M,k}(L) = Q(\theta_k^{(G)})(c - v_L) + (1-\beta)\max\{ET\Pi_{M,k+1}(G), ET\Pi_{M,k+1}(L)\} + \beta\underline{U}_M \tag{4-30}$$

并记 $\Delta\Pi_k \overset{def.}{=} T\Pi_{M,k}(G) - T\Pi_{M,k}(L)$，则

$$\begin{aligned}\Delta\Pi_k &= (\alpha+\beta-1)\max\{ET\Pi_{M,k+1}(G), ET\Pi_{M,k+1}(L)\} \\ &\quad - (\alpha+\beta-1)\underline{U}_M - Q(\theta_k^{(G)})(v_G - v_L) \\ &< (\alpha+\beta-1)\max\{ET\Pi_{M,k}(G), ET\Pi_{M,k}(L)\} \\ &\quad - (\alpha+\beta-1)\underline{U}_M - Q(\theta_{k-1}^{(G)})(v_G - v_L) \\ &= \Delta\Pi_{k-1}\end{aligned}$$

这说明制造商的后向收益差值的数列 $\{\Delta\Pi_k\}_{k=1}^{n-1}$ 是单调递减的。

由式(4-13)可知，零售商的最优订购批量 Q^* 是制造商声誉 θ 的增函数，且 Q^* 关于声誉 θ 的函数 $Q^* = Q(\theta)$ 的导数存在，因此，该函数为区间 $[0, 1]$ 上的连续函数，即 $Q(\theta) \in C^0[0, 1]$。

又由条件 $Q^{(G)^*}\left(c - v_L - \dfrac{v_G - v_L}{\alpha + \beta - 1}\right) > \underline{U}_M$ 可知

$$(\lim_{k\to\infty} Q(\theta_k^{(G)}))\left(c - v_L - \frac{v_G - v_L}{\alpha + \beta - 1}\right) > \underline{U}_M$$

从而，由 $Q(\theta) \in C^0[0, 1]$，必存在正整数 N 使得

$$Q(\theta_k^{(G)})\left(c - v_L - \frac{v_G - v_L}{\alpha + \beta - 1}\right) > \underline{U}_M, \ \forall k > N$$

因此，当制造商与零售商的合作时期足够长 ($n \gg 1, n > N$) 时，有

$$Q(\theta_n^{(G)})\left(c - v_L - \frac{v_G - v_L}{\alpha + \beta - 1}\right) > \underline{U}_M$$

$$\Rightarrow (\alpha + \beta - 1)(Q(\theta_n^{(G)})(c - v_L) - \underline{U}_M) - Q(\theta_n^{(G)})(v_G - v_L) > 0$$

$$\Rightarrow (\alpha + \beta - 1)(Q(\theta_n^{(G)})(c - v_L) - \underline{U}_M) - Q(\theta_{n-1}^{(G)})(v_G - v_L) > 0$$

$$\Rightarrow \Delta\Pi_{n-1} > 0$$

$$\Rightarrow \Delta\Pi_k \geqslant 0 (1 \leqslant k \leqslant n)$$

从而对于制造商而言，始终提供正常质量产品是最优选择，即命题 8 得证。

4.4 本 章 小 结

在突破单期博弈的视角之后，本书将短销售周期供应链协调问题引入了动态博弈的内涵。

在分析了供应链成员博弈关系的时间特征（长期性、重复性和动态性）的基础上，本章主要对离散时间环境下的由于信息非对称所造成的

短销售周期供应链协调障碍进行分析。

在得出了短销售周期供应链中成员企业之间就非对称信息所进行的博弈与合作关系的具体特点（博弈关系多期（长期）存在、博弈内容各期不同）的基础上，首先，针对私有信息的隐匿与甄别博弈问题，结合私有信息的跨期关联属性与事后可验证属性，分析了其对供应链协调的影响并得出了一系列重要结论，包括事后不可验证的跨期关联私有信息将导致棘轮效应、事后可验证的跨期关联私有信息能否被甄别取决于信息租金、事后识别概率等参数之间的一个定量关系等；其次，针对短销售周期供应链中的信息不对称所造成的代理人道德风险，建立了代理人声誉模型，分析了其对道德风险的隐性激励作用，并设计了重复博弈下的短销售周期供应链道德风险协调策略。

以上研究成果具有一定的原创价值。

第5章 连续时间动态博弈：供应链声誉及其微分对策

5.1 引　　言

前面的章节讨论了在供应链合作伙伴之间基于一次性合作的单期博弈关系和基于多期重复博弈的长期合作关系。从属性上看，这二者事实上都是离散时间下的博弈问题，当然，它们远不是供应链合作伙伴之间的博弈问题的全部。

事实上，(连续)时间无疑是供应链成员之间的合作与博弈关系的一个重要影响因素。可以说，连续时间背景下的博弈充斥着供应链合作的全部过程。然而，由于连续时间对供应链各成员企业的决策函数的影响非常复杂，决策模型难以构建，因此，基于连续时间动态博弈的供应链协调问题当前几乎没有任何深入研究。

相对于前面离散时间下所关注的重复博弈关系，以及相应的系列短期合同的集合的表现形式，毫无疑问，在供应链的实践中，具有同样地位、甚至更为重要的贯穿整个合作时期的长期博弈变量，如联合预测、联合投资、广告，乃至声誉等各个方面。

作为对这个重要研究领域的一个初步尝试，本章将考察供应链当中动态博弈的一个典型问题——基于连续时间的供应链声誉的微分对策。

5.2　供应链声誉：关于供应链协调的再思考

就目前供应链协调领域的研究热点而言，如前所述，当前研究的主要特征可以归纳为：在一次性的供应链交易关系下，探讨如何使得集中决策模式下的供应链最大化期望收益（标杆）在事实的分散决策模式下能够被达到，即在 Pareto 改进的基础上最大化分散决策模式下的供应链期望收益。

上一章已经提出了供应链成员企业之间的长期合作关系，这也揭示了一次性供应链合作关系的缺陷。同时，需要进一步强调的是，不但在供应链成员企业之间的联系是长期的，供应链与其市场和顾客之间的联系（或说合作关系）也仍然是长期的。这意味着关于顾客需求的管理非常有必要纳入供应链管理的研究视野，并且，将开拓顾客需求与顾客价值与优化供应链成员企业的决策相结合，即更大化原有的供应链最大化期望收益。

然而，值得注意的是：

在现有研究的考虑模式中，最终顾客的需求被认为是客观确定的背景——虽然可以是销售价格的函数，也可以是库存量的函数，还可以未必是为人所知的——在供应链管理、供应链协调领域，从供应链的视角下讨论关于顾客价值的开拓的研究较少。

而在企业管理领域，特别是在市场营销领域，开发顾客价值是人们重视的关键问题之一。同样，对顾客价值的关注也是需求管理中的一个核心问题，并且关于企业的收益管理问题的研究已经取得了丰硕成果。

在这类众多的研究中，已经揭示了企业的良好声誉对于消费者需求的积极影响。

然而，在供应链环境下，同样由于供应链成员企业的利益独立性，使得顾客价值（需求）管理（包括声誉维护问题在内）遇到了一个很大的问题：每个企业都可以进行自身的需求管理，但是各个企业的需求管理之间如何进行互动才能够得到最大的效益？

就供应链的声誉问题而言，与顾客直接接触的最下游企业的声誉很重要、对最终消费者的影响很大——但是，顾客对与其直接接触的企业（通常就是供应链的最下游企业）的声誉判断和评价结果并不仅仅是由该企业自身的行为和努力独立、完全决定的，它还受到了整个供应链所有企业的努力的影响，如交货期的准时性、产品（原材料、零部件）的质量、广告投入等供应链上各家成员企业的各种声誉相关因素的影响，这意味着：从整个供应链的系统角度而非单个企业的角度将声誉及其与顾客需求的关系纳入供应链协调与博弈领域的研究是一个具有重要价值的方向。

有鉴于此，本书将尝试基于“供应链声誉”的概念分析供应链各方在声誉维护与提升方面的博弈。所谓**“供应链声誉”**，本书将其明确界定为顾客对供应链整体的信任程度。

供应链声誉是依赖供应链各个成员企业的努力，依时间累积的变量，因此，供应链成员企业之间的博弈成为一个时间不间断的动态博弈或说微分对策。

5.3 供应链声誉的微分对策

5.3.1 问题描述与假设

考察由单个制造商和单个零售商组成的、具有长期合作关系的两阶段供应链：

首先说明相关符号的含义：

① t：时间变量；

② $e_M(t)/e_R(t)$：制造商/零售商在供应链声誉上的维护与努力水平；

③ $C_M(t)/C_R(t)$：制造商/零售商的供应链声誉维护成本；

④ $\pi_{SC}(t)$ 供应链在时刻 t 的产出；

⑤ $\Pi_M(t)/\Pi_R(t)$：制造商/零售商在时刻 t 的收益；

⑥ $T\Pi_M(t)/T\Pi_R(t)$：制造商/零售商全部合作时间的收益；

⑦ $\Theta=\Theta(t)$：供应链声誉。

假设：

① 据市场营销领域的研究，由于声誉维护成本是努力水平的增函数，且呈现出严格下凸的特点，设二者之间满足

$$C_M(t)=\frac{\mu_M(t)}{2}e_M^2(t)\text{、}C_R(t)=\frac{\mu_R(t)}{2}e_R^2(t)$$

其中，$\mu_M(t)>0$、$\mu_R(t)>0$ 为系数。

类似的，供应链双方的声誉维护水平越高，则供应链声誉越高，且呈现出严格上凸的特点，可以假设供应链声誉满足状态变化的微分方程（据 Nerlove-Arrow 模型[185]）为

$$\begin{cases}\Theta'(t)=\rho_M(t)e_M(t)+\rho_R(t)e_R(t)-\xi(t)\Theta(t)\\ \Theta(t)\big|_{t=0}=\theta_0\geqslant 0\end{cases}\tag{5-1}$$

其中，θ_0 为供应链声誉的初值；$\rho_M(t)>0$、$\rho_R(t)>0$ 分别是制造商和零售商的声誉维护水平对供应链声誉的影响因子；$\xi(t)>0$ 表示供应链声誉由于外界影响因素而衰减的速率。

② 在合作的无限时间长度之内，供应链双方任意时刻均具有相同的贴现因子，记为 δ。

③ 依第 3 章的讨论，制造商与零售商之间具有以双方实力确定的收入分配比例为 $\omega(t)$，即

$$\Pi_M(t) = \omega(t)(\pi_{SC}(t) - C_M(t) - C_R(t)),$$

$$\Pi_R(t) = (1 - \omega(t))(\pi_{SC}(t) - C_M(t) - C_R(t))$$

④ $T\Pi_M(e_M(t), \Theta(t), t)$、$T\Pi_R(e_R(t), \Theta(t), t) \in C^2(0, +\infty)$。

⑤ 考虑到收入关于声誉的单调递增性，设在任一时刻 t，供应链具有声誉 $\Theta(t)$ 系统总产出 $\pi_{SC}(t)$ 满足：$\pi_{SC}(t) = \phi(t)\Theta^2(t)$，其中，$\phi(t)$ 是供应链声誉对供应链总产出的影响因子。

5.3.2 供应链声誉的微分对策模型

(1) 供应链双方的决策

由以上假设条件可知：

制造商的全部期望收益为

$$T\Pi_M(e_M(t)) = \int_0^{+\infty} \omega(t)(\pi_{SC}(t) - C_M(t) - C_R(t))e^{-\delta t}\,dt$$

即得制造商的决策问题：

$$\max_{e_M(t)} T\Pi_M(e_M(t)) = \int_0^{+\infty} \omega(t)(\pi_{SC}(t) - C_M(t) - C_R(t))e^{-\delta t}\,dt \tag{5-2}$$

类似的，零售商的决策问题为

$$\max_{e_R(t)} T\Pi_R(e_R(t)) = \int_0^{+\infty} (1 - \omega(t))(\pi_{SC}(t) - C_M(t) - C_R(t))e^{-\delta t}\,dt \tag{5-3}$$

考虑到环境变量 $\mu_M(t)$、$\mu_R(t)$、$\omega(t)$、$\phi(t)$ 等依时间变化时对上述

微分对策造成的解析解的求解困难，为简化问题，以下假设各个环境变量均为常数：

$$\mu_M(t) \equiv \mu_M、\mu_R(t) \equiv \mu_R、\omega(t) \equiv \omega、\phi(t) \equiv \phi。$$

(2) 微分对策模型与博弈均衡分析

记 $e_M^*(t)$、$e_R^*(t)$ 分别为制造商决策问题式(5-2)和零售商决策问题式(5-3)的解：

$$L_M(e_M(t),\ \Theta(t),\ t) = \omega(\pi_{SC}(t) - C_M - C_R);$$

$$L_R(e_R(t),\ \Theta(t),\ t) = (1-\omega)(\pi_{SC}(t) - C_M - C_R);$$

制造商从 t 时刻的声誉状态 $\Theta(t)$ 之后的收益最优值函数为

$$T\Pi_M^*(\Theta(t),\ t) = \max_{e_M(t)} \int_t^{+\infty} L_M(e_M(s),\ \Theta(s), s)e^{-\delta s}\mathrm{d}s \quad (5-4)$$

零售商从 t 时刻的声誉状态 $\Theta(t)$ 之后的收益最优值函数为

$$T\Pi_R^*(\Theta(t),\ t) = \max_{e_R(t)} \int_t^{+\infty} L_R(e_R(s),\ \Theta(s), s)e^{-\delta s}\mathrm{d}s \quad (5-5)$$

则有命题：

命题 1　供应链声誉的微分对策问题式(5-2)、式(5-3)具有 Hamilton-Jacobi-Bellman 方程：

$$\begin{cases} \dfrac{\partial T\Pi_M^*}{\partial t} = -\max\limits_{e_M(t)}\left[L_M(e_M,\ \Theta,\ t)e^{-\delta s} + \dfrac{\partial T\Pi_M^*}{\partial \Theta}(\rho_M e_M + \rho_R e_R - \xi\Theta)\right] \\ \dfrac{\partial T\Pi_R^*}{\partial t} = -\max\limits_{e_R(t)}\left[L_R(e_R,\ \Theta,\ t)e^{-\delta s} + \dfrac{\partial T\Pi_R^*}{\partial \Theta}(\rho_M e_M + \rho_R e_R - \xi\Theta)\right] \end{cases} \quad (5-6)$$

[证明]

首先考虑制造商的决策：

由最优性原理：

若 $e_M^*(s)(t\leqslant s)$ 是制造商的从时刻 t、供应链声誉 $\Theta(t)$ 开始的最优声誉维护努力水平，则 $e_M^*(s)(t\leqslant s)$ 必是其从时刻 $(t+\Delta t)$、供应链声誉 $\Theta(t+\Delta t)$ 开始的最优供应链声誉维护努力水平。

由式(5-4)知

$$T\Pi_M^*(\Theta(t+\Delta t),\ t+\Delta t)=\max_{e_R(t)}\int_{t+\Delta t}^{+\infty}L_M(e_M(s),\ \Theta(s),s)\mathrm{e}^{-s\delta}\mathrm{d}s$$

$$\begin{aligned}\Rightarrow T\Pi_M^*(\Theta(t),\ t)&=\max_{e_M(t)}\left(\int_t^{t+\Delta t}+\int_{t+\Delta t}^{+\infty}L_M(e_M(s),\ \Theta(s),s)\mathrm{e}^{-s\delta}\mathrm{d}s\right)\\&=\max_{e_M(t)}\left(\int_t^{t+\Delta t}L_M(e_M,\ \Theta,s)\mathrm{e}^{-s\delta}\mathrm{d}s\right.\\&\qquad\left.+\Pi_M^*(\Theta(t+\Delta t),\ t+\Delta t)\right)\end{aligned}\tag{5-7}$$

注意到：

对于 $\Delta t\rightarrow 0$，有

$$\int_t^{t+\Delta t}L_M(e_M(s),\ \Theta(s),s)\mathrm{e}^{-\delta s}\mathrm{d}s\approx L_M(e_M(t),\ \Theta(t),\ t)\mathrm{e}^{-\delta s}\cdot\Delta t\tag{5-8}$$

又

$$\Theta(t+\Delta t)\approx\Theta(t)+\Theta'(t)\Delta t$$

$$\Rightarrow T\Pi_M^*(\Theta(t+\Delta t),\ t+\Delta t)\approx T\Pi_M^*(\Theta(t)+\Theta'(t)\Delta t,\ t+\Delta t)$$

将 $T\Pi_M^*(\Theta(t)+\Theta'(t)\Delta t,\ t+\Delta t)$ 进行 *Taylor* 展开：

$$T\Pi_M^*(\Theta(t)+\Delta t,\ t+\Delta t)\approx T\Pi_M^*(\Theta(t),\ t)+\frac{\partial T\Pi_M^*}{\partial\Theta}\Theta'\Delta t+\frac{\partial T\Pi_M^*}{\partial t}\Delta t\tag{5-9}$$

将式(5-8)和式(5-9)代入式(5-7)，得到 $T\Pi_M^*(\Theta(t),\ t)$ 的近似：

$$T\Pi_M^*(\Theta, t)=\max_{e_M(t)}\left[L_M(e_M, \Theta, t)\mathrm{e}^{-\delta s}\cdot\Delta t+T\Pi_M^*(\Theta, t)+\frac{\partial T\Pi_M^*}{\partial\Theta}\Theta'\Delta t+\frac{\partial T\Pi_M^*}{\partial t}\Delta t\right]$$

$$\Rightarrow 0=\max_{e_M(t)}\left[L_M(e_M, \Theta, t)\mathrm{e}^{-\delta s}+\frac{\partial T\Pi_M^*}{\partial\Theta}\Theta'+\frac{\partial T\Pi_M^*}{\partial t}\right]$$

$$\Rightarrow\frac{\partial T\Pi_M^*}{\partial t}=-\max_{e_M(t)}\left[L_M(e_M, \Theta, t)\mathrm{e}^{-\delta s}+\frac{\partial T\Pi_M^*}{\partial\Theta}\Theta'\right]$$

即得到决策问题式(5－4)和式(5－2)的 Hamilton-Jacobi-Bellman 方程：

$$\frac{\partial T\Pi_M^*}{\partial t}=-\max_{e_M(t)}\left[L_M(e_M, \Theta, t)\mathrm{e}^{-\delta s}+\frac{\partial T\Pi_M^*}{\partial\Theta}(\rho_M e_M+\rho_R e_R-\xi\Theta)\right] \tag{5-10}$$

零售商决策问题式(5－5)的 Hamilton-Jacobi-Bellman 方程可以通过完全平行的分析得到。

至此，命题 1 得证。

特别的，若记

$$\Gamma_M(\Theta(t))=e^{\delta t}T\Pi_M^*(\Theta(t), t)、\Gamma_R(\Theta(t))=e^{\delta t}T\Pi_R^*(\Theta(t), t)$$

则有以下命题：

命题 2　供应链微分对策问题式(5－2)、式(5－3)具有最优供应链声誉微分对策 $\Theta^*(t)=\mathrm{e}^{pt}\left(\theta_0+\dfrac{q}{p}\right)-\dfrac{q}{p}$ $\left(\text{其中}, p=\dfrac{2\rho_M^2a_1^*}{\omega\mu_M}+\dfrac{2\rho_R^2a_2^*}{(1-\omega)\mu_R}-\xi, q=\dfrac{\rho_M^2b_1^*}{\omega\mu_M}+\dfrac{\rho_R^2b_2^*}{(1-\omega)\mu_R}\right)$ 和 *Nash* 均衡解 $\left(e_M^*(t)=\dfrac{\rho_M(2a_1^*\Theta^*(t)+b_1^*)}{\omega\mu_M}, e_R^*(t)=\dfrac{\rho_R(2a_2^*\Theta^*(t)+b_2^*)}{(1-\omega)\mu_R}\right)$，如果关于未知参数 a_1、a_2、b_1、b_2、c_1 和 c_2 的方程组(称之为拟约束方程组)

$$
\begin{cases}
\omega\phi + \dfrac{2\rho_M^2 a_1^2}{\omega\mu_M} - \dfrac{2\omega\rho_R^2 a_2^2}{(1-\omega)^2\mu_R} + \dfrac{4\rho_R^2 a_1 a_2}{(1-\omega)\mu_R} - (2\xi+\delta)a_1 = 0 \\
\dfrac{2\rho_M^2 a_1 b_1}{\omega\mu_M} - \dfrac{2\omega\rho_R^2 a_2 b_2}{(1-\omega)^2\mu_R} + \dfrac{2\rho_R^2(a_1 b_2 + a_2 b_1)}{(1-\omega)\mu_R} - (\xi+\delta)b_1 = 0 \\
\dfrac{\rho_M^2 b_1^2}{2\omega\mu_M} - \dfrac{\omega\rho_R^2 b_2^2}{2(1-\omega)^2\mu_R} + \dfrac{\rho_R^2 b_1 b_2}{(1-\omega)\mu_R} - \delta c_1 = 0 \\
(1-\omega)\phi + \dfrac{2\rho_R^2 a_2^2}{(1-\omega)\mu_R} - \dfrac{2(1-\omega)\rho_M^2 a_1^2}{\omega^2\mu_M} + \dfrac{4\rho_M^2 a_1 a_2}{\omega\mu_M} - (2\xi+\delta)a_2 = 0 \\
\dfrac{2\rho_R^2 a_2 b_2}{(1-\omega)\mu_R} - \dfrac{2(1-\omega)\rho_M^2 a_1 b_1}{\omega^2\mu_M} + \dfrac{2\rho_M^2(a_1 b_2 + a_2 b_1)}{\omega\mu_M} - (\xi+\delta)b_2 = 0 \\
\dfrac{\rho_R^2 b_2^2}{2(1-\omega)\mu_R} - \dfrac{(1-\omega)\rho_M^2 b_1^2}{2\omega^2\mu_M} + \dfrac{\rho_M^2 b_1 b_2}{\omega\mu_M} - \delta c_2 = 0
\end{cases}
\tag{5-11}
$$

有解 $(a_1^*, a_2^*, b_1^*, b_2^*, c_1^*, c_2^*)$。

[证明]

由 $\Gamma_M(\Theta(t)) = e^{\delta t} T\Pi_M^*(\Theta(t), t)$、$\Gamma_R(\Theta(t)) = e^{\delta t} T\Pi_R^*(\Theta(t), t)$ 得

$$
\frac{\partial T\Pi_M^*(\Theta(t), t)}{\partial t} = -\delta e^{-\delta t}\Gamma_M(\Theta(t)), \frac{\partial T\Pi_R^*(\Theta(t), t)}{\partial t} = -\delta e^{-\delta t}\Gamma_R(\Theta(t))
$$

$$
\frac{\partial T\Pi_M^*(\Theta(t), t)}{\partial \Theta} = e^{-\delta t}\Gamma_M'(\Theta(t)), \frac{\partial T\Pi_R^*(\Theta(t), t)}{\partial \Theta} = e^{-\delta t}\Gamma_R'(\Theta(t))
$$

将上面的表达式代入该微分对策问题的 Hamilton-Jacobi-Bellman 方程(5-6)，可得 Hamilton-Jacobi-Bellman 方程的等价形式：

$$\begin{cases}\delta\Gamma_M(\Theta(t)) = \max\limits_{e_M(t)}(L_M(e_M, \Theta, t) + \Gamma_M'(\Theta(t))(\rho_M e_M + \rho_R e_R - \xi\Theta)) \\ \delta\Gamma_R(\Theta(t)) = \max\limits_{e_R(t)}(L_R(e_R, \Theta, t) + \Gamma_R'(\Theta(t))(\rho_M e_M + \rho_R e_R - \xi\Theta))\end{cases} \tag{5-12}$$

求解方程(5－12)：

由一阶条件：

$$\begin{cases}\dfrac{\partial(L_M(e_M, \Theta, t) + \Gamma_M'(\rho_M e_M + \rho_R e_R - \xi\Theta))}{\partial e_M} = 0 \\ \dfrac{\partial(L_R(e_R, \Theta, t) + \Gamma_R'(\rho_M e_M + \rho_R e_R - \xi\Theta))}{\partial e_R} = 0\end{cases}$$

$$\Leftrightarrow\begin{cases}-\omega\mu_M e_M + \rho_M\Gamma_M' = 0 \\ -(1-\omega)\mu_R e_R + \rho_R\Gamma_R' = 0\end{cases}$$

$$\Leftrightarrow\begin{cases}e_M = \dfrac{\rho_M\Gamma_M'}{\omega\mu_M} \\ e_R = \dfrac{\rho_R\Gamma_R'}{(1-\omega)\mu_R}\end{cases} \tag{5-13}$$

将式(5－13)代入式(5－12)，得到

$$\begin{cases}\delta\Gamma_M(\Theta) = \max\limits_{e_M(t)}\left[\omega\phi\Theta^2 + \dfrac{\rho_M^2\Gamma_M'^2}{2\omega\mu_M} - \dfrac{\omega\rho_R^2\Gamma_R'^2}{2(1-\omega)^2\mu_R} + \dfrac{\rho_R^2\Gamma_M'\Gamma_R'}{(1-\omega)\mu_R} - \xi\Theta\Gamma_M'\right] \\ \delta\Gamma_R(\Theta) = \max\limits_{e_R(t)}\left[(1-\omega)\phi\Theta^2 + \dfrac{\rho_R^2\Gamma_R'^2}{2(1-\omega)\mu_R} - \dfrac{(1-\omega)\rho_M^2\Gamma_M'^2}{2\omega^2\mu_M} + \dfrac{\rho_M^2\Gamma_M'\Gamma_R'}{\omega\mu_M} - \xi\Theta\Gamma_R'\right]\end{cases} \tag{5-14}$$

注意到以上微分方程组的阶数特点，推测其具有关于 Θ 的 m 次多项式形式的解，此时，由于方程左边为 m 次，右边最高为 $2(m-1)$ 次，因此，由 $m=2(m-1)$ 可知 $m=2$。

故设函数 $\Gamma_M(\Theta)$、$\Gamma_R(\Theta)$ 具有以下表达式：

$$\begin{cases}\Gamma_M(\Theta)=a_1\Theta^2+b_1\Theta+c_1\\ \Gamma_R(\Theta)=a_2\Theta^2+b_2\Theta+c_2\end{cases}\tag{5-15}$$

其中，a_1、a_2、b_1、b_2、c_1 和 c_2 均为未知常数。

将式(5-15)代入式(5-14)，得

$$\begin{cases}\delta a_1\Theta^2+\delta b_1\Theta+\delta c_1=\omega\phi\Theta^2+\dfrac{\rho_M^2(2a_1\Theta+b_1)^2}{2\omega\mu_M}\\ \qquad-\dfrac{\omega\rho_R^2(2a_2\Theta+b_2)^2}{2(1-\omega)^2\mu_R}\\ \qquad+\dfrac{\rho_R^2(2a_1\Theta+b_1)(2a_2\Theta+b_2)}{(1-\omega)\mu_R}\\ \qquad-\xi(2a_1\Theta+b_1)\Theta\\ \delta a_2\Theta^2+\delta b_2\Theta+\delta c_2=(1-\omega)\phi\Theta^2+\dfrac{\rho_R^2(2a_2\Theta+b_2)^2}{2(1-\omega)\mu_R}\\ \qquad-\dfrac{(1-\omega)\rho_M^2(2a_1\Theta+b_1)^2}{2\omega^2\mu_M}\\ \qquad+\dfrac{\rho_M^2(2a_1\Theta+b_1)^2\ (2a_2\Theta+b_2)^2}{\omega\mu_M}\\ \qquad-\xi(2a_2\Theta+b_2)\Theta\end{cases}$$

$$
\Rightarrow\begin{cases}
\delta a_1=\omega\phi+\dfrac{2\rho_M^2a_1^2}{\omega\mu_M}-\dfrac{2\omega\rho_R^2a_2^2}{(1-\omega)^2\mu_R}+\dfrac{4\rho_R^2a_1a_2}{(1-\omega)\mu_R}-2\xi a_1\\
\delta b_1=\dfrac{2\rho_M^2a_1b_1}{\omega\mu_M}-\dfrac{2\omega\rho_R^2a_2b_2}{(1-\omega)^2\mu_R}+\dfrac{2\rho_R^2(a_1b_2+a_2b_1)}{(1-\omega)\mu_R}-\xi b_1\\
\delta c_1=\dfrac{\rho_M^2b_1^2}{2\omega\mu_M}-\dfrac{\omega\rho_R^2b_2^2}{2(1-\omega)^2\mu_R}+\dfrac{\rho_R^2b_1b_2}{(1-\omega)\mu_R}\\
\delta a_2=(1-\omega)\phi+\dfrac{2\rho_R^2a_2^2}{(1-\omega)\mu_R}-\dfrac{2(1-\omega)\rho_M^2a_1^2}{\omega^2\mu_M}+\dfrac{4\rho_M^2a_1a_2}{\omega\mu_M}-2\xi a_2\\
\delta b_2=\dfrac{2\rho_R^2a_2b_2}{(1-\omega)\mu_R}-\dfrac{2(1-\omega)\rho_M^2a_1b_1}{\omega^2\mu_M}+\dfrac{2\rho_M^2(a_1b_2+a_2b_1)}{\omega\mu_M}-\xi b_2\\
\delta c_2=\dfrac{\rho_R^2b_2^2}{2(1-\omega)\mu_R}-\dfrac{(1-\omega)\rho_M^2b_1^2}{2\omega^2\mu_M}+\dfrac{\rho_M^2b_1b_2}{\omega\mu_M}
\end{cases}
\tag{5-16}
$$

则由命题已知条件式(5-11)可知方程组(5-16)的解亦为逆约束方程组的解 $(a_1^*,a_2^*,b_1^*,b_2^*,c_1^*,c_2^*)$。

从而函数 $\Gamma_M(\Theta)$、$\Gamma_R(\Theta)$ 具有以下表达式：

$$
\begin{cases}
\Gamma_M^*(\Theta)=a_1^*\Theta^2+b_1^*\Theta+c_1^*\\
\Gamma_R^*(\Theta)=a_2^*\Theta^2+b_2^*\Theta+c_2^*
\end{cases}
\qquad
\begin{cases}
\Gamma_M^{*\prime}(\Theta)=2a_1^*\Theta+b_1^*\\
\Gamma_R^{*\prime}(\Theta)=2a_2^*\Theta+b_2^*
\end{cases}
\tag{5-17}
$$

将式(5-17)代入式(5-13)，即得

$$
\begin{cases}
e_M^*(t)=\dfrac{\rho_M(2a_1^*\Theta(t)+b_1^*)}{\omega\mu_M}\\
e_M^*(t)=\dfrac{\rho_R(2a_2^*\Theta(t)+b_2^*)}{(1-\omega)\mu_R}
\end{cases}
\tag{5-18}
$$

将式(5-18)代入状态变化微分方程(5-1),得

$$\Theta'(t)=\left[\frac{2\rho_M^2a_1^*}{\omega\mu_M}+\frac{2\rho_R^2a_2^*}{(1-\omega)\mu_R}-\xi\right]\Theta(t)+\left[\frac{\rho_M^2b_1^*}{\omega\mu_M}+\frac{\rho_R^2b_2^*}{(1-\omega)\mu_R}\right] \tag{5-19}$$

解微分方程(5-19):

记 $p=\frac{2\rho_M^2a_1^*}{\omega\mu_M}+\frac{2\rho_R^2a_2^*}{(1-\omega)\mu_R}-\xi$, $q=\frac{\rho_M^2b_1^*}{\omega\mu_M}+\frac{\rho_R^2b_2^*}{(1-\omega)\mu_R}$,则微分方程(5-19)的通解为

$$\Theta(t)=\mathrm{e}^{\int p\mathrm{d}t}\left(\int q\mathrm{e}^{-\int p\mathrm{d}t}\mathrm{d}t+c\right)$$

其中,c 为任意常数。

从而,根据状态变化微分方程(5-1)中的边界条件 $\Theta(t)\mid_{t=0}=\theta_0\geqslant 0$,可求得 $\Theta(t)$ 满足边界条件的特解:

$$\Theta^*(t)=\mathrm{e}^{pt}\left(\theta_0+\int_0^t q\mathrm{e}^{-ps}\mathrm{d}s\right)$$

即

$$\Theta^*(t)=\mathrm{e}^{pt}\left(\theta_0+\frac{q}{p}\right)-\frac{q}{p}$$

至此,命题 2 得证。

5.4 供应链声誉的实例分析

以下对上述微分对策进行示性分析:

给定相关参数的具体值如下:

$$\mu_M = 0.5,\ \rho_M = 0.5,\ \mu_R = 0.3,\ \rho_R = 0.8$$

$$\omega = 0.6,\ \delta = 0.9,\ \xi = -5,\ \phi = 0.3,\ \theta_0 = 0.5$$

则将上述参数的取值代入拟约束方程组(5-11)，可求得

$$a_1^* = -0.016\,730\,924,\ b_1^* = 0.089\,190\,424$$

$$a_2^* = -0.013\,526\,144,\ b_2^* = 0.054\,732\,274$$

从而

$$p = \frac{2\rho_M^2 a_1^*}{\omega\mu_M} + \frac{2\rho_R^2 a_2^*}{(1-\omega)\mu_R} - \xi = -0.472\,163\,741$$

$$q = \frac{\rho_M^2 b_1^*}{\omega\mu_M} + \frac{\rho_R^2 b_2^*}{(1-\omega)\mu_R} = 0.366\,230\,815$$

由此得到最优供应链声誉微分对策为

$$\Theta^*(t) = \mathrm{e}^{pt}\left(\theta_0 + \frac{q}{p}\right) - \frac{q}{p} = 0.28\mathrm{e}^{-0.47t} - 0.78$$

供应链声誉投入的 *Nash* 均衡解为

① 制造商供应链声誉维护与努力水平的最优微分对策：

$$e_M^*(t) = \frac{\rho_M(2a_1^*\Theta^*(t) + b_1^*)}{\omega\mu_M} = 0.015\mathrm{e}^{-0.47t} - 0.096$$

② 零售商供应链声誉维护与努力水平的最优微分对策：

$$e_R^*(t) = \frac{\rho_R(2a_2^*\Theta^*(t) + b_2^*)}{(1-\omega)\mu_R} = -0.000\,7\mathrm{e}^{-0.47t} + 0.225$$

相应函数变化图示如下：

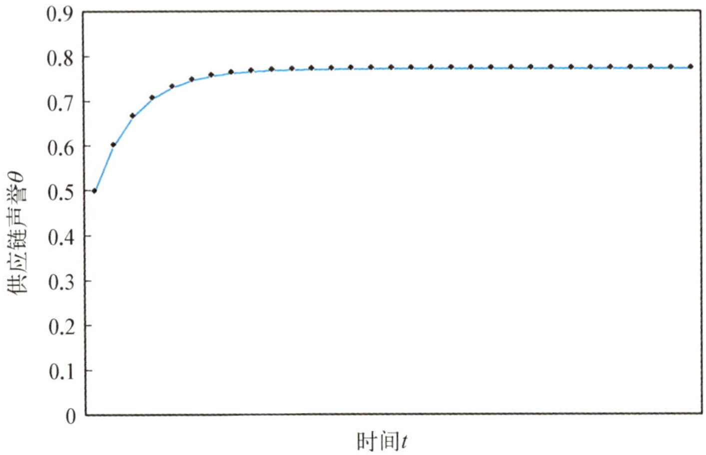

图 5－1　供应链声誉随时间的变化情况

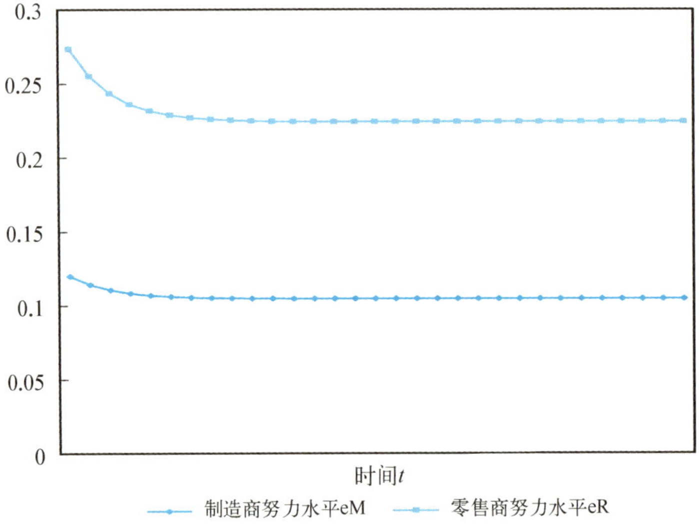

图 5－2　供应链各方最优声誉努力水平随时间的变化情况

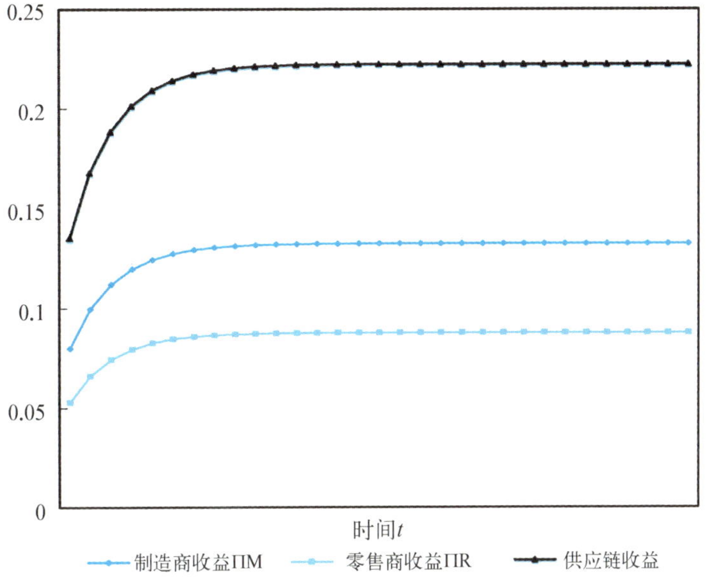

图 5－3　供应链各方最优收益随时间的变化情况

从图 5－1、图 5－2、图 5－3 中可以看出：

① 供应链双方关于供应链声誉维护的投入的最优对策随时间改变

这体现了供应链双方博弈关系的时间关联：由于博弈与时间密切相关，因此某一时刻的最优对策可能在下一时刻不再能带给决策者最大化的利益，因此动态的、随时间而改变的对策才是具有实际价值的对策。

这充分说明了微分对策方法在供应链动态博弈当中的重要价值。

② 供应链声誉、供应链双方的声誉投入具有时间稳定趋向

图 5－1、图 5－2 所体现的一个显著特点就是供应链声誉、制造商的声誉投入、零售商的声誉投入随着时间的改变、在经过前期的一个较剧烈调整阶段之后，再后期将趋于稳定。图 5－3 所示关于供应链双方与供应链整体的收益变化情况也印证了类似的结论。

这意味着，在长期博弈关系中，供应链系统具有自治性，将趋于平衡，换言之，供应链系统的动态变化将得到有效的控制。

因此，上述供应链声誉的微分对策分析从一个侧面反映了供应链合作伙伴之间的长期稳定的合作关系有利益供应链系统的稳定性。

当然，这一论断是基于较个别的、具体的案例，有无一般性还有待于后续研究。

此外，为了简化问题，本书取相关参数为常数。然而，在上述关于供应链声誉的微分对策分析过程当中，由于这类关于泛函数的变分问题是否有解、解是否可表达、具有解析形式，严格依赖于关于该泛函的微分方程的具体结构，而实践当中参数的描述形式通常是千差万别的，因此，在非退化情形下，解析解几乎不可能得到，从而，关于这类微分方程数值解法的研究有必要成为这一方向下的重要研究对象。

5.5 本章小结

循着第 4 章所分析的供应链成员博弈关系的时间特征，作为对动态博弈视角下的供应链协调问题的深入探讨，本章将供应链协调与博弈的动态性拓展至最一般情形即连续时间环境，并将当前供应链协调与博弈问题研究中所关心的范围从目前的非对称信息等方面向更广泛的协调与博弈的内容层面进行拓展，具体围绕“供应链声誉”这一层面展开分析。

在具体的研究过程当中，由于连续时间环境下供应链决策者在某一时刻的最优决策并不一定是下一时刻的最优决策，因此，此时的供应链协调问题的最优解将不再是一个一维实数值(或低维向量值)，而是一个关于时间的特定函数，而决策者的目标则是函数空间上的泛函数。这些特点极大地增加了解决问题的难度和复杂程度，并决定了本章建立决策模型、求解模型均衡解所需的研究思路、理论、方法和工具与前面的章节具有本质的区别。

本章通过引入泛函分析方法、变分法和微分对策方法，完整地解决了上述问题：运用泛函分析方法和变分法建立了决策问题的 H－J－B 方程、运用微分对策方法建立了供应链声誉的微分对策模型，并发现了最优微分对策存在的一个充分条件（拟约束方程有解）。

以上研究成果具有一定的原创价值。

第6章

结论与展望

6.1 结　　论

本书通过对供应链协调及其博弈的几个重要问题进行分析与研究，得出了以下结论：

(1) 对于短销售周期供应链的单期博弈问题，在对称信息状态下：双方的博弈事实上是一个在供应链收益最大化目标下的讨价还价模型，必存在适当的可实施的激励策略使得供应链双方的期望收益在该目标之下获得 Pareto 改进，而 Pareto 最优均衡有无穷多个，或者说改进的幅度即最大化供应链期望收益在双方之间的分配比例有无穷多个，其在实际中的具体取值，取决于供应链谈判双方的实力与耐心程度等。

(2) 从库存积压风险方面讨论了决策者风险偏好对供应链协调的影响。针对短销售周期供应链的实际，具体提出了决策者的库存积压风险规避指标，并分析了零售商库存积压风险规避态度对供应链协调及双方博弈和期望收益的影响，发现具有风险规避时激励方(制造商)将在付出更大激励力度的情形下才能获得供应链最优协调。

(3) 在一般化的假设条件之下对信息劣势方(制造商)给予信息优势方(零售商)的激励契约的激励机理及其设计的研究发现,非对称信息状态下短销售周期供应链的私有信息的隐匿与甄别的博弈问题将导致供应链 Pareto 最优协调无法实现,同时委托-代理关系的存在将使得信息优势方(零售商)获得额外的信息租金。

(4) 提出了短销售周期供应链中合作伙伴关系的长期性,分析了长期合作关系的时间特征,在此基础上,分析了两类重要的供应链动态博弈问题:短销售周期供应链的离散时间基础上的重复博弈问题和连续时间基础上的微分对策问题。在第一类动态博弈问题中,对长期合作关系下的信息甄别问题的研究发现事后不可验证的跨期关联信息甄别存在棘轮效应:信息优势方(被激励方)将由于其对远期利益的关注而更注重其私有信息的隐匿,从而导致原有信息甄别机制失效;事后可验证的跨期关联信息甄别问题将由于合作周期的长期性和远期收益而可能得到自动缓解,临界点取决于信息租金、单期合作效益、隐匿信息的识别概率。对于供应链中的道德风险及其激励问题,通过建立重复博弈关系下的声誉模型,证明了该声誉模型对道德风险的隐性激励作用,并研究了信息劣势方的触发战略,发现在该触发战略的参数满足一个确定定量关系 $Q^{(G)^*}\left(c-v_L-\dfrac{v_G-v_L}{\alpha+\beta-1}\right)>\underline{U}_M$ 时,道德风险将被消除。

(5) 对于短销售周期供应链的第二类动态博弈问题,即连续时间基础上的微分对策问题,提出了供应链声誉的概念,并就供应链声誉构建的供应链微分对策进行了研究,发现了其 Nash 均衡解与各方最优微分对策存在的一个充分条件,即拟约束方程组有解,并得出了相应均衡解与最优微分对策。

6.2 研究展望

在本书的研究过程中，为保证研究主题的收敛性，有很多重要的研究问题没有展开，同时在研究过程中也发现了很多新的问题，此外，由于供应链系统与供应链协调问题本身的复杂性乃至混沌性与数学分析工具的缺陷导致的研究不足——总结三方面的问题，本书提出以下进一步研究的问题和方向：

(1) 临界条件不满足时的供应链动态信息甄别机制的设计；

(2) 临界条件不满足时的供应链动态道德风险控制策略；

(3) 供应链声誉的时间状态转移方程的修正；

(4) 基于闭环策略的供应链微分对策；

等等。

此外，在研究的思想层面，本书提出应该在供应链各成员企业之间具有长期合作期望的状态下来研究供应链协调的问题。有必要强调的是，“长期合作(期望)”的概念并不仅仅意味着动态博弈——后者只是一个分析问题的数学方法，而前者首先着眼的是研究供应链协调问题的视角、理念、导向，以至企业、供应链、系统的生存哲学。这是一个较大的论题，对这一思想下的有关理论、方法的研究，本书仅仅是一个开端，尚未充分展开，这将是下一步研究的重要内容。

参考文献

[1] Houlihan J B. Supply Chain Management [C]//Proceedings of the 19th International Technical Conference of the British Production and Inventory Control Society, 1984: 101 - 110.

[2] http://cscmp.org/AboutCSCMP/Definitions/Definitions.asp.

[3] Lee H L, V Padmanabhan, Seungjin Whang. The Bullwhip Effect in Supply Chains [J]. Sloan Management Review, 1997, 38(2): 93 - 102.

[4] Malon T W, Crowston K G. The interdisciplinary Study of Coordination [J]. ACM Computing Surveys, 1994, 26(1): 87 - 119.

[5] Hewitt F. Supply Chain Redesign [J]. The International Journal of Logistics Management, 1994, 5(2): 1 - 9.

[6] Simatupang T M, Wright A C, Sridharan R. The Knowledge of Coordination for Supply Chain Integration[J]. Business Process Management, 2002, 8(3): 289 - 308.

[7] Romano P. Coordination and Integration Mechanisms to Manage Logistics Processes across Supply Networks[J]. Journal of Purchasing & Supply Management, 2003, 9: 119 - 134.

[8] 克里斯汀・蒙特,丹尼尔・塞拉著,张琦译.博弈论与经济学[M].北京:经济管理出版社,2005.

[9] Clark A J, Scarf H. Optimal Policies for a Multi-echelon Inventory Problem [J]. Management Science, 1960, 6: 475 - 490.

[10] Forrester J W. Industrial Dunamics[J]. Harvard Business Review, 1958, July - August: 37 - 66.

[11] Houlihan J B. International Supply Chain Management[J]. International Journal of Physical Distribution & Materials Management, 1987, 17(2): 51 - 66.

[12] Lee H L, Padhamanabhan V, Wheng S. Information Distortion in Supply Chain: The Bullwhip Effect [J]. Management Science, 1997, 43(4): 546 - 558.

[13] Baganha M P, Cohen M A. The Stabilizing Effect of Inventory in Supply Chains[J]. Operation Research, 1998, 46(3): 72 - 83.

[14] Taylor D H. Measurement and Analysis of Demand Amplification across the Supply Chain [J]. The International Journal of Logistics Management, 1999, 10(2): 55 - 70.

[15] Sterman J D. Modeling Managerial Behavior: Misperceptions of Feedback in a Dynamic Decision Making Experiment[J]. Management Science, 1989, 35(3): 321 - 339.

[16] Sterman J D. Teaching Takes off, Fight Simulators for Management Education [J]. OR/MS Today, 1992, 19(5): 40 - 44.

[17] Lee H L, Padhamanabhan V, Wheng S. Information Distortion in Supply Chain: The Bullwhip Effect[J]. Management Science, 1997, 43(4): 546 - 558.

[18] Lee H L, Padhamanabhan V, Wheng S. The Bullwhip Effect in Supply Chains [J]. Sloan Management Review, 1997, 38(2): 93 - 102.

[19] Chen F R, Drezner Z, Ryuan J K. Quantifying the Bullwhip Effect in a Simple Supply Chain: the Impact of Forecasting, Lead Time, and Information [J]. Management Science, 2000, 46(3): 436 - 443.

[20] Chen F R，Ryuan J，Simchi-Levi D. The Impact of Exponential Smoothing Forecsats on the Bullwhip Effect[J]. Naval Research Logistics，2000，47：269－286.

[21] 张钦，达庆利，沈厚才. 在 ARIMA(0，1，1)需求下的牛鞭效应与信息共享评价[J]. 中国管理科学，2001，9(6)：1－6.

[22] Dejonckeere J，Disney S M，Lambrecht M P. Transfer Function Analysis of Forecasting Induiced Bullwhip Effect in Supply Chain[J]. International Journal of Production Ecinomics，2002，78(2)：133－144.

[23] Dejonckeere J，Disney S M，Lambrecht M P. Measuring and Avoiding the Bullwhip Effect：A Control Theoretic Approach[J]. European Journal of Operational Research，2003，147(3)：567－590.

[24] Disney J D，Towill D R. A Discrete Transfer Function Model to Determine the Dynamic Stability of a Vendor Managed Inventory System[J]. Computer and Industrial Engineering，2002，43(1)：27－58.

[25] Disney J D，Towill D R. On the Bullwhip and Inventory Variance Produced by an Order Policy[J]. International Journal of Management Science (OMEGA)，2003，31(2)：157－167.

[26] Dejonckeere J，Disney S M，Lambrecht M P. The Impact of Information Enrichment on the Bullwhip Effect in Supply Chains：A Control Engineering Perspective[J]. European Journal of Operational Research，2004，153(3)：729－750.

[27] 黄小原，卢震，吴红超. 电子商务系统牛鞭效应的 H∞控制应用分析[J]. 控制工程，2002，9(5)：11－14.

[28] 黄小原，卢震. 分销中心供应链模型及其牛鞭效应的 H∞控制[J]. 中国管理科学，2003，11(1)：42－47.

[29] 李刚，汪寿阳，于刚，等. 牛鞭效应与生产平滑模型有效性问题[J]. 管理科学学报，2002，7(1)：1－18.

[30] Cachon Gérard P. Managing Supply Chain Demand Variability with

Scheduled Ordering Policies[J]. Management Science, 1999, 45(6): 843 - 856.

[31] Fransoo J C, Wouters M J F. Measuring the Bullwhip Effect in the Supply Chain[J]. Supply Chain Management: An International Journal, 2000, 5(2): 78 - 89.

[32] Metters R. Quantifying the Bullwhip Effect in Supply Chains [J]. Journal of Operations Management, 1997, 15: 89 - 100.

[33] Aviv Y. A Time-series Framework for Supply Chain Inventory Management [J]. Operation Research, 2003, 51(2): 210 - 227.

[34] 万杰,李敏强,寇纪凇. 供应链中分配机制对牛鞭效应的影响研究[J]. 系统工程学报,2002, 17(4): 340 - 348.

[35] Lee H L, Padhamanabhan V, Wheng S. Information Distortion in Supply Chain: The Bullwhip Effect[J]. Management Science, 1997, 43(4): 546 - 558.

[36] Lee H L, Padhamanabhan V, Wheng S. The Bullwhip Effect in Supply Chains [J]. Sloan Management Review, 1997, 38(2): 93 - 102.

[37] Monahan J P. A Quantity Discount Pricing Model to Increase Vendor's Profits [J]. Management Science, 1984, 30: 720 - 726.

[38] Banerjee A. A Joint Economic Lot Size Model for Purchaser and Vendor[J]. Decision Science, 1986, 17: 292 - 311.

[39] Gayol S K. A Joint Economic Lot Size Model for Purchaser and Vendor: A Comment [J]. Decision Science, 1988, 19: 236 - 241.

[40] Lee H L, Rosenblatt M J. A Generalized Quantity Discount Pricing Model to Increase Supplier Profits [J]. Management Science, 1986, 32(9): 1177 - 1185.

[41] Anupindi R, Akella R. Diversification under Supply Uncertainty [J]. Management Science, 1993, 39(8): 944 - 963.

[42] Kohli R, Park H. Coordinating Buyer-seller Transactions across Multiple

Products [J]. Management Science, 1994, 40(9): 45 - 50.

[43] Lau H S, Lau A H L. Coordinating Two Suppliers with Offsetting Lead Time and Price Performance [J]. Journal of Operation Management, 1994, 11: 327 - 337.

[44] Christoph S, Kirstin Z. Hierarchical Coordination Mechanisms within the Supply Chain [J]. European Journal of Operational Research, 2004, 153(1): 687 - 703.

[45] 张翠华,葛亮,范岩,等. 基于两层规划理论的供应链协调机制[J]. 东北大学学报(自然科学版),2006, 27(10): 1173 - 1176.

[46] Cachon Gérard P. Supply Chain Coordination with Contracts [J]. Handbooks in Operations Research and Management Science. 2003, 11: 227 - 339.

[47] Cachon Gérard P, Serguei Netessine. Game Thery in Supply Chain Analysis [J]. Handbook of Quantitative Supply Chain Analysis: Modeling in the E-Business Era, Kluwer Academic Publishers, 2003, 13 - 66.

[48] Wang Y, Gerchak Y. Capacity Games in Assembly Systems with Uncertain Demand[J]. Manufacturing and Service Operations Management, 2003, 5(3): 252 - 267.

[49] Lederer P, L Li Pricing, Production, Scheduling, and Delivery-time Competition [J]. Operations Research, 1997, 45: 407 - 420.

[50] Majumder P, H Groenevelt. Competition in Remanufacturing [J]. Production and Operations Management, 2001, 10: 125 - 141.

[51] Lee H L, Whang S. Decentralized Multi-echelon Supply Chains: Incentives and Information [J]. Management Science, 1999, 45(5): 633 - 640.

[52] Cachon Gérard P. Stock Wars: Inventory Competition in a Two Echelon Supply Chain [J]. Operations Research, 2001, 49(5): 658 - 674.

[53] Mahajan S, Van Ryzin G. Inventory Competitive under horizontal Competition [D]. Columbia University, 2001 .

[54] Netessine S, Zhang F Q. The Impact of Supply-side Externalities among

Downstream Firms on Supply Chain Efficiency[D]. The Wharton School University of Pennsylvania Philadelphia, PA, January 2003.

[55] 徐庆,朱道立,鲁其辉. Nash 均衡、变分不等式和广义均衡问题的关系[J]. 管理科学学报,2005, 8(3): 1-7.

[56] Bassok G., Anupindi R.. Analysis of Supply Contracts with Total Minimum Commitment [J]. IIE Transactions, 1997, 29(5): 373-381.

[57] Eppen G. Iyer A. Backup Agreements in Fashion Buying — The Value of Upstream Flexibility [J]. Management Science, 1997, 43(11): 1469-1484.

[58] Tsay A S. The Quantity Flexibility Contract and Supplier-customer Incentives [J]. Management Science, 1999, 45(10): 1339-1358.

[59] Tsay A A, W S Lovejoy. Quantity Flexibility Contracts and Supply Chain Performance [J]. Manufacturing and Service Operations Management, 1999, 1(2): 89-112.

[60] Erica L. Plambeck, Terry A. Taylor. Sell the Plant? The Impact of Contract Manufacturing on Innovation, Capacity and Profitability [J]. Management Science, 2005, 51(1): 133-150.

[61] Pasternack B A. Optimal Pricing and Returns Policies for Perishable Commodities [J]. Marketing Science, 1985, 4(2): 166-176.

[62] Kandel, Eugene. The Right to Return[J]. Journal of Law and Economics, 1996, 39(April): 329-356.

[63] Padmanabhan V, Png I P L. Returns Policies: Make Money by Making Good [J]. Sloan Management Review, 1995, Fall: 65-72.

[64] Padmanabhan V, Png I P L. Manufacturer's Returns Policies and Retail Competition [J]. Marketing Science, 1997(16): 81-94.

[65] Padmanabhan V, Png I P L. Reply to "Do Return Policies Intensify Retail Competition?"[J]. Marketing Science, 2004(4): 614-618.

[66] Wang. Do Return Policies Intensify Retail Competition [J]? Marketing Science, 2004, 23(4): 611-613.

[67] Taylor T. Coordination under Channel Rebates with Sales Effort Effect [D]. Stanford CA Stanford University, 2000.

[68] Taylor T. Supply Chain Coordination under Channel Rebates with Sales Effort Effect [J]. Management Science, 2002, 48(8): 992 - 1007.

[69] Donohue K. Efficient Supply Chain Contracts for Fashion Goods with Forecast Updating and Two Production Models[J]. Management Science, 2000, 46(11): 1397 - 1411.

[70] Harish Krishnan, Roman Kapuscinski, David A. Butz. Coordinating Contracts for Decentralized Supply Chains with Retailer Promotion Effort [J]. Management Science, 2004, 50(1): 48 - 63.

[71] Z. Yao, Stephen C H Leung, K K Lai. Analysis of the Impact of Price-sensitivity Factors on the Returns Policy in Coordinating Supply Chain[J]. European Journal of Operational Research, 2008, 187: 275 - 282.

[72] 索寒生,金以慧. 回购策略下供需链协调性分析[J]. 清华大学学报(自然科学版),2003, 43(9): 1245 - 1248.

[73] 王晶,于开宇,赵俊. 回购条件下的图书批发企业优化定价策略[J]. 系统工程理论与实践,2007, 12: 68 - 75.

[74] Dana J, Spier K. Revenue Sharing and Vertical Control in the Video Rental Industry [J]. Journal of Industry Economics, 2001, 59(3): 223 - 245.

[75] JAA van der Veen, V. Venugopal. Using Revenue Sharing to Create Win-win in the Video Rental Supply Chain [J]. Journal of the Operational Research Society, 2005, 56: 757 - 762.

[76] Gerchak Y, Wang Y. Revenue-sharing vs. wholesale-price contracts in assembly system with random demand [J]. Production Operational Management, 2003, 5(3): 252 - 267.

[77] Wang Y, Jiang L, Shen Z J. Channel Performance Under Consignment Contract with Revenue Sharing[J]. Management Science, 2004, 50(1): 34 - 47.

[78] Giannoccaro I, Pontrandolfo P. Supply Chain Coordination by Revenue Sharing Contracts [J]. International Journal of Production Economics, 2004, 89(1): 131 - 139.

[79] Cachon Gérard P, Lariviere M A. Supply Chain Coordination with Revenue-Sharing Contracts: Strengths and Limitations[J]. Management Science, 2005, 51(1): 30 - 44.

[80] 叶飞,李怡娜,胡晓灵.不确定需求下供应链技术创新的共享收益契约研究[J].科技管理研究,2005, 3: 81 - 83.

[81] 邱若臻,黄小原.供应链渠道协调的收入共享契约模型[J].管理学报,2006, 3(2): 148 - 152.

[82] 邱若臻,黄小原.供应链收入共享契约协调的随机期望值模型[J].中国管理科学,2006, 14(4): 30 - 34.

[83] Donohue K. Efficient Supply Chain Contracts for Fashion Goods with Forecast Updating and Two Production Models[J]. Management Science, 2000, 46(11): 1397 - 1411.

[84] Pasternack B A. Optimal Pricing and Returns Policies for Perishable Commodities [J]. Marketing Science, 1985, 4(2): 166 - 176.

[85] Barnes-Schuster D, Bassok Y, Anupindi R. Coordination and Flexibility in Supply Contracts with Options[J]. Manufacturing and Service Operations Management, 2002, 4(3): 171 - 207.

[86] Cachon Gérard P, Zhang Fuqiang. Fast Delivery through Competing Supplier [R]. University of Pennsylvania, 2003.

[87] Sethi S P, Yan H, Zhang Hanqin. Quantity Flexibility Contracts: Optimal Decision with Information Updates[J]. Decision Science, 2004, 35(4): 691 - 712.

[88] Li Cuihong, Ankolekar A, Wolf A S, et al. Auctioning Supply Chain with Uncertain Demand [R]. Carnegie Mellon University, 2004.

[89] Apostolos Burnetas, Peter Ritchken. Option Pricing with Downward-Sloping

Demand Curves The Case of Supply Chain Options [J]. Management Science, 2005, 51(4): 566 - 580.

[90] D. J. Wu. Paul R. Kleindorfer. Competitive Options, Supply Contracting, and Electronic Markets [J]. Management Science, 2005, 51(3): 452 - 468.

[91] Xiaolong Wang, Liwen Liu. Coordination in a Retailer-led Supply Chain through Option Contract [J]. International Journal of Production Economics, 2007, 110: 115 - 127.

[92] 马士华,胡剑阳,林勇. 一种基于期权的供应商能力预订模型[J]. 管理工程学报,2004, 18(1): 8 - 11.

[93] 郭琼,杨德礼,迟国泰. 基于期权的供应链契约式协调模型[J]. 系统工程, 2005, 23(10): 1 - 6.

[94] 陈祥锋,朱晨波. 供应链采购管理中的期权合同价值研究[J]. 系统工程学报, 2007, 22(4): 401 - 406.

[95] 李荧玉,崔文田. 用期权调整补货和退货的供应链契约模型[J]. 预测,2006, 25(6): 74 - 80.

[96] 郭琼,杨德礼. 基于期权与现货市场的供应链契约式协调的研究[J]. 控制与决策,2006, 21(11): 1229 - 1234.

[97] 佟斌,郭琼,潘新. 基于需求预测的供应链期权式契约协调[J]. 系统工程, 2006, 24(11): 13 - 18.

[98] 晏妮娜,黄小原. B2B电子市场下供应链期权合同协调模型与优化[J]. 控制与决策,2007, 22(5): 535 - 539.

[99] Mark Ferguson, V. Daniel R. Guide Jr. , Gilvan C. Souza. Supply Chain Coordination for False Failure Returns [J]. Manufacturing and Service Operations Management, 2006, 8(4): 376 - 393.

[100] Yigal Gerchak, Yunzeng Wang. Revenue-Sharing vs. Wholesale-Price Contracts in Assembly Systems with Random Demand [J]. Production and Operations Management, 2004, 13(1): 23 - 33.

[101] Charles J. Corbett, Xavier de Groote. A Supplier's Optimal Quantity

Dscount Policy under Asymmetric Information[J]. Management Science, 2000, 46(3): 444 - 450.

[102] 杨治宇,马士华.供应链企业间的委托代理问题研究[J].计算机集成制造系统,2001, 7(1): 19 - 22.

[103] Porteus E, Whang S. Supply Chain Contracting: Non-recurring Engineering Charge, Minimum Order Quantity, and Boilerplate Contracts[R]. Stanford University, 1999.

[104] Charles J. Corbett, Xavier de Groote. A Supplier's Optimal Quantity Dscount Policy under Asymmetric Information[J]. Management Science, 2000, 46(3): 444 - 450.

[105] Charles J. Corbett. Stochastic Inventory Systems in a Supply Chain with Asymmetric Information: Cycle stocks, Safety stocks, and Consignment stock [J]. Operations Research, 2001, 49(4): 487 - 500.

[106] Charles J. Corbett, Zhou D., Tang C. S.. Designing Supply Chain Contracts: Contract Type and Information Asymmetry[J]. Management Science, 2004, 50(4): 550 - 559.

[107] Amy Hing Ling Lau, Hon-Shiang Lau. Some Two-echelon Style-goods Inventory Models with Asymmetric Market Information[J]. European Journal of Operation Research, 2001, 134(1): 29 - 42.

[108] Amy Hing Ling Lau, Hon-Shiang Lau. Some Two-echelon Supply-chain Games: Improving from Deterministic-symmetric-information to Stochastic-asymmetric-information Models[J]. European Journal of Operational Research, 2005, 161(1): 203 - 223.

[109] Amy Hing Ling Lau, Hon-Shiang Lau, Yong-Wu Zhou. A Stochastic and Asymmetric-information Framework for a Dominant-manufacturer Supply Chain[J]. European Journal of Operational Research, 2007, 176: 295 - 316.

[110] Amy Hing Ling Lau, Hon-Shiang Lau, Jian-Cai Wang. How a Dominant

Retailer Might Design a Purchase Contract for a Newsvendor-type Product with Price-sensitive Demand [J]. European Journal of Operational Research, 2008, 190: 443 - 458.

[111] Amy Hing Ling Lau, Hon-Shiang Lau, Jian-Cai Wang. Pricing and Volume Discounting for a Dominant Retailer with Uncertain Manufacturing Cost Information[J]. European Journal of Operational Research, 2007, 183: 848 - 870.

[112] Özalp Özer, Wei Wei. Strategic Commitments for an Optimal Capacity Decision Under Asymmetric Forecast Information [J]. Management Science, 2006, 52(8): 1238 - 1257.

[113] 索寒生,金以慧. 非对称信息下供需链中供应商的回购决策分析[J]. 控制与决策,2004, 19(3): 335 - 338.

[114] 郭琼,杨德礼. 需求信息不对称下基于期权的供应链协作机制的研究[J]. 计算机集成制造系统,2006, 12(9): 1466 - 1471.

[115] 张菊亮,陈剑. 销售商费用信息不完全下的回收合约[J]. 中国管理科学, 2005, 13(6): 39 - 45.

[116] 邱若臻,黄小原. 非对称信息条件下供应链收入共享契约协调[J]. 东北大学学报(自然科学版),2007, 28(8): 1205 - 1208.

[117] Cachon Gérard P, Lariviere M A. Contracting to Assure Supply: How to Share Demand Forecasts in a Supply Chain [J]. Management Science, 2001, 47(5): 629 - 646.

[118] Lariviere M A. Inducing Forecast Revelation through Restricted Returns [EB/OL]. Http: //bctim. wustl. edu/calendar/mediafiles/Forecasts2002. pdf, 2002.

[119] 唐宏祥,何建敏,刘春林. 非对称需求信息条件下的供应链信息共享机制[J]. 系统工程学报,2004, 19(6): 589 - 595.

[120] 侯琳琳,邱菀华. 基于信号传递博弈的供应链需求信息共享机制[J]. 控制与决策,2007, 22(12): 1421 - 1425.

[121] 林英晖. 供应链企业间信任建立的信号博弈[J]. 上海大学学报(自然科学版),2007, 13(2): 216 - 220.

[122] 申亮,王玉燕. 不完全信息下的逆向供应链中的信号博弈研究[J]. 工业技术经济,2007, 26(7): 65 - 68.

[123] Priest G.. A Theory of Consumer Product Warranty [J]. Yale Law Journal, 1981, 90: 1297 - 1352.

[124] Kashi R. Balachandran, Suresh Radhakrishnan. Quality Implications of Warranties in a Supply Chain[J]. Management Science, 2005, 51(8): 1266 - 1277.

[125] 张翠华,黄小原. 供应链中的道德风险问题[J]. 东北大学学报(自然科学版),2003, 24(7): 703 - 706.

[126] 李丽君,黄小原,庄新田. 双边道德风险条件下供应链的质量控制策略[J]. 管理科学学报,2005, 8(1): 42 - 47.

[127] Li Shanliag, Zhu Daoli. Supply Chain Linear Incentive Contract with Asymmetric Information and Moral Hazard [J]. Operation Research Transactions, 2005, 9(2): 21 - 29.

[128] Lei Xu, Benita M Beamon. Supply Chain Coordination and Cooperation Mechanisms: An Attribute-Based Approach[J]. Journal of Supply Chain Management, 2006, 42(1): 4 - 12.

[129] Munson C L and Rosenblatt M J. Coordination a Three-level Supply Chain with Quantity Discounts [J]. IIE Transactions, 2001, 33: 371 - 384.

[130] Gang Hao. Supply Chain Coordination with Asymmetric Information[J]. The Business Review, 2005, 3(2): 167 - 171.

[131] Ding Ding, Jian Chen. Coordinating a Three level Supply Chain with Flexible Return Policies [J]. Omega, 2008, 36(5): 865 - 876.

[132] Padmanabhan V., Png IPL. Manufacturer's return policies and retail competition [J]. Marketing Science, 1997, 16(1): 81 - 94.

[133] 赵泉午,熊榆,林娅,等. 多个零售商库存竞争下的易逝品回购合同研究[J].

系统工程，2004，22(8)：39－42.

[134] Z Yao，Stephen C H Leung，K K Lai. Manufacturer's Revenue-sharing Contract and Retail Competition[J]. European Journal of Operational Research，2008，186：637－651.

[135] Tamer Boyaci，Guillermo Gallego. Supply Chain Coordination in a Market with Customer Service Competition [J]. Production and Operations Management，2004，13(1)：3－22.

[136] V. G. Narayanan，Ananth Raman，Jasjit Singh. Agency Costs in a Supply Chain with Demand Uncertainty and Price Competition[J]. Management Science，2005，51(1)：120－132.

[137] 黄宝凤，仲伟俊，梅姝娥. 供应链中完美共赢收入共享合约的存在性分析[J]. 系统工程理论方法应用，2005，14(3)：247－251.

[138] 肖勇波，陈剑，刘晓玲，等. 季节性产品销售商动态串货博弈模型[J]. 系统工程理论与实践，2008，3：35－43.

[139] Tunay I. Tunca，Stefanos A. Zenios. Supply Auctions and Relational Contracts for Procurement [J]. Manufacturing and Service Operations Management，2006，8(1)：43－67.

[140] 徐经意，杨德礼，郭琼. 在线逆向拍卖期权和单方支付契约下的供应链协调机制分析[J]. 中国管理科学，2005，13(4)：100－105.

[141] Martha J，Vratimos E. Creating a Just-in-Case Supply Chain for the Inevitable Next Disaster. Marsh & McLennan Companies Report，2002，Available at：http：//www. mmc. com/views2/autumn02Martha. php.

[142] Xiangtong Qi，Jonathan F. Bard，Gang Yu. Supply Chain Coordination with Demand Disruptions [J]. Omega，2004，32：301－312.

[143] Tiaojun Xiao，Gang Yu，Zhaohan Sheng，Yusen Xia. Coordination of a Supply Chain with One-Manufacturer and Two-Retailers Under Demand Promotion and Disruption Management Decisions [J]. Annals of Operations Research，2005，135(1)：87－109.

[144] Tiaojun Xiao, Xiangtong Qi, Gang Yu. Coordination of Supply Chain after Demand Disruptions when Retailers Compete [J]. International Journal of Production Economics, 2007, 109: 162-179.

[145] Paul R. Kleindorfer, Germaine H. Saad. Managing Disruption Risks in Supply Chains [J]. Production and Operations Management, 2005, 14(1): 53-68.

[146] 于辉,陈剑,于刚. 协调供应链如何应对突发事件[J]. 系统理论工程与实践, 2005, 7: 9-16.

[147] 于辉,陈剑,于刚. 回购契约下供应链对突发事件的协调应对[J]. 系统理论工程与实践,2005, 8: 38-43.

[148] 于辉,陈剑,于刚. 批发价契约下的供应链应对突发事件[J]. 系统理论工程与实践,2006, 8: 33-41.

[149] 雷东,高成修,李建斌. 需求和生产成本同时发生扰动时的供应链协调[J]. 系统工程理论与实践,2006, 9: 51-59.

[150] Jiang Q. F.. Multiple Degree δ Risk Aversion and the Utility Functions. ORSA/TIMS Phoenix, Princeton NJ: TYGER Scientific Inc, 1995.

[151] Lau H., Lau A.. Manufacture Pricing Strategy and Return Policy for a Single-period Commodity [J]. European Journal of Operational Research, 1999, 116: 291-304.

[152] Agrawal V, Seshadri S. Risk Intermediation in Supply Chain [J]. IIE Transactions, 2000, 32: 819-831.

[153] Tsay A.. Risk Sensitivity in Distribution Channel Partnerships: Implications for Manufacture Return Policies [J]. Journal of Retailing, 2002, 78(2): 147-160.

[154] Xianghua Gan, Suresh P Sethi, Houmin Yan. Coordination of Supply Chains with Risk-averse Agents [J]. Production and Operations Management, 2004, 13(2): 135-149.

[155] Xianghua Gan, Suresh P Sethi, Houmin Yan. Channel Coordination with a

Risk-neutral Supplier and a Downside-risk-averse Retailer[J]. Production and Operations Management, 2005, 14: 80 - 89.

[156] Tsan-Ming Choi, Duan Li, HouminYan, et al. Channel Coordination in Supply Chains with Agents Having Mean-variance Objectives [J]. Omega, 2008, 36: 565 - 576.

[157] Tsan-Ming Choi, Duan Li, HouminYan. Mean-variance Analysis of a Single Supplier and Retailer Supply Chain under a Returns Policy[J]. European Journal of Operational Research, 2008, 184: 356 - 376.

[158] Charles X. Wang, Scott Webster. Channel Coordination for a Supply Chain with a Risk-Neutral Manufacturer and a Loss-averse Retailer [J]. Decision Sciences, 2007, 38(3): 361 - 389.

[159] 索寒生,储洪胜,金以慧. 带有风险规避型销售商的供需链协调[J]. 控制与决策,2004, 19(9): 1042 - 1045.

[160] 叶飞,李怡娜. 具有风险规避者加盟的供应链协作回购契约机制研究[J]. 工业工程与管理,2006, 2: 1 - 4.

[161] 叶飞. 含风险规避者的供应链收益共享契约机制研究[J]. 工业工程与管理, 2006, 4: 50 - 54.

[162] 于春云,赵希南,彭艳东,等. 具有风险规避者和偏爱者加盟的供应链优化与协调模型[J]. 系统工程,2007, 25(1): 13 - 20.

[163] Taylor T. Coordination under Channel Rebates with Sales Effort Effect [R]. Stanford University, 2000, Stanford CA.

[164] Taylor T. Supply Chain Coordination under Channel Rebates with Sales Effort Effect [J]. Management Science, 2002, 48(8): 992 - 1007.

[165] Harish Krishnan, Roman Kapuscinski, David A. Butz. Coordinating Contracts for Decentralized Supply Chains with Retailer Promotion Effort [J]. Management Science, 2004, 50(1): 48 - 63.

[166] Joseph G. Szmerekovsky, Jiang Zhang. Pricing and Two-tier Advertising with One Manufacturer and One Retailer [J]. European Journal of

Operational Research, to appear.

[167] 张菊亮,陈剑. 销售商的努力影响需求变化的供应链的合约[J]. 中国管理科学,2004, 12(4): 50 - 56.

[168] 何勇,杨德礼,孟丽菊,等. 考虑努力因素的退货政策模型[J]. 系统工程理论方法应用,2005, 14(6): 565 - 568.

[169] 何勇,吴清烈,杨德礼,等. 基于努力成本共担的数量柔性契约模型[J]. 东南大学学报(自然科学版),2006, 36(6): 1045 - 1048.

[170] 何勇,吴清烈,杨德礼. 考虑努力因素的弹性数量契约模型[J]. 统计与决策,2007, 2: 8 - 10.

[171] 何勇,杨德礼,吴清烈. 基于努力因素的供应链利益共享契约模型研究[J]. 计算机集成制造系统,2006, 12(11): 1865 - 1868.

[172] Zhimin Haung, Susan X. Li. Co-op Advertising Models in Manufacturer-retailer Supply Chains: A Game Theory Approach [J]. European Journal of Operational Research, 2001, 135: 527 - 544.

[173] Susan X. Li, Zhimin Huang, Joe Zhu, et al. Cooperative Advertising, Game Theory and Manufacturer-retailer Supply Chains [J]. Omega, 2002, 30: 347 - 357.

[174] Zhimin Huang, Susan X. Li, Vijay Mahajan. An Analysis of Manufacturer-retailer Supply Chain Coordination in Cooperative Advertising [J]. Decision Sciences, 2002, 33(3): 469 - 494.

[175] 傅强,曾顺秋. 价格折扣下的纵向合作广告博弈分析[J]. 重庆大学学报(自然科学版),2007, 30(9): 148 - 153.

[176] Jinfeng Yue, Jill Austin, Min-Chiang Wang, et al. Coordination of Cooperative Advertising in a Two-level Supply Chain When Manufacturer Offers Discount [J]. European Journal of Operational Research, 2006, 168: 65 - 85.

[177] Jinxing Xie, Song Ai. A Note on "Cooperative Advertising, Game Theory and Manufacturer-retailer Supply Chains"[J]. Omega, 2006, 34: 501 -

504.

[178] Steffen Jørgensen, Sihem Taboubi, Georges Zaccour. Retail Promotions with Negative Brand Image Effects: Is Cooperation Possible [J]. European Journal of Operational Research, 2003, 150: 395 - 405.

[179] Haresh Gurnani, Christopher S. Tang. Note: Optimal Ordering Decisions with Uncertain Cost and Demand Forecast Updating [J]. Management Science, 1999, 45(10): 1456 - 1462.

[180] Donohue K. Efficient Supply Chain Contracts for Fashion Goods with Forecast Updating and Two Production Models [J]. Management Science, 2000, 46(11): 1397 - 1411.

[181] 陈旭.需求信息更新条件下易逝品的批量订货策略[J].管理科学学报, 2005, 8(5): 38 - 42.

[182] 赵志刚,李向阳,刘秀芝.面向模糊随机需求更新的供应链回购契约响应方法研究[J].中国管理科学,2007, 15(3): 47 - 55.

[183] 肖芸茹.论不确定性条件下的风险决策[J].南开经济研究,2003,1: 34 - 37.

[184] 元凤江,曹岭.效用对风险性决策影响的探讨[J].天津工业大学学报,2001, 20(6): 19 - 20.

[185] Nerlove M, Arrow, K J. Optimal Advertising Policy under Dynamic Conditions [J]. Economica, 1962, 29: 129 - 142.

后 记

本书根据笔者的博士论文撰写而成。

在为我的博士论文划上最后一个句号的时候，高兴之余，心中还有留恋、怅然和激动相混合的感觉。博士毕业纯粹的学生生涯到达了终点，鹰击长空的另一个旅程即将拉开序幕。在为自己学业有所获而欣慰的同时，我谨借此方寸之地向众多帮助和支持过我的人们表达我的拳拳之忱。

我首先要感谢的是我尊敬的导师霍佳震教授。5 年来，霍老师对我在学业和生活乃至事业上的众多关心和帮助让我一直铭记。除此以外，我还从霍老师身上看到了、学到了很多做人、做事的道理。除去以对科研问题的敏锐迅捷的理解与把握能力等个例所体现的个人聪明才智以外，我更钦佩的是霍老师的低调、质朴、进取的事业态度，脚踏实地、不知疲倦的实干精神，以及随和、诚恳、细致的待人处事的作风。这是我赞赏的也是我希望具有的品质，能够成为霍老师的弟子是我的幸运。我想，归总到一句话，就是：霍老师，是您培养了我，谢谢您！

第二位要感激的人是我的爱妻小西赵晋。回顾我们相恋相伴以来的这几年，也是我的命途从走进低谷到走出低谷的几年，其间我所拥有者，唯积极进取的态度而已，现实的人们所要求的物质条件可谓一无所有。数年来，靠着小西纤弱的身躯，支撑起了我在上海的求学历程。小西给予我的是一方安详宁静的休憩港湾，是我一生中最大的幸运。

我还要感谢杜学美师姐、张艳霞师姐几年来对我的生活和学业的关心，感谢认真敬业的段永瑞老师给我的榜样激励，感谢同窗薛奕达、汪达钦、张倩、姜南、周敏、吴群、戴韬、朱立龙等师弟师妹们的关心和支持，感谢在这个团队里我所感受到的相互帮助、相互关心的良好氛围！

在近二十年的求学生涯中，我的父母弟妹一直是我重要的精神动力，正是他们无怨无悔的付出、持久的鼓励、关怀和爱护激励着我努力奋斗。此后，家人的幸福安康将是我在未来的岁月里继续前进的动力。

感谢各位专家百忙中对论文认真细致的审阅和提出的宝贵意见与建议。

最后，再次向所有帮助和关心我的人们表示衷心的感谢！

张建军